행동경제학이 알려주는 소소한 조언들

오류와 실수투성이 인간을 위한
행동심리학

김형석

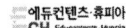

목 차

들어가는 글 ·· 3

제1부. 자기중심성과 행동심리 ······················ 17
자기중심성 ‖ 잘못된 합의효과 ‖ 자기중심적 평가 ‖ 자기 과대 평가 ‖ 자기중심성의 극복

제2부. 소유의식과 행동심리 ························ 29
이미 갖고 있는 것은 놓치기가 싫다 ‖ 소유효과 ‖ 보유효과 ‖ 사람들은 이익보다 손실을 더 크게 평가한다 ‖ 효용의 상실 ‖ 소유효과와 접촉

제3부. 현상유지 성향과 행동심리 ················ 41
인간은 변화를 싫어 한다 ‖ 현상유지 편향성 ‖ 디폴트 효과 ‖ 다양설의 역설 ‖ 전환비용 ‖ 기회비용 ‖ 이래도 후회, 저래도 후회 ‖ 행동후회와 무행동 후회 ‖ 새로운 일의 중요성

제4부. 현재지향 성향과 행동심리 61

'지금 이순간'의 중요성 ‖ 선호의 역전 ‖ 시간과 할인율의 관계 ‖ 먼 미래의 보상보다 당장의 보상이 사람을 움직인다 ‖ 시간 해석 이론 ‖ 먼 미래의 일은 신경이 덜 쓰인다 ‖ 고통은 가능한 뒤로 미루는 사람들 ‖ 즐거움을 가능한 뒤로 미룰 수 있다는 것의 의미 ‖ 상승 선호 현상 ‖ 사후 과잉 확신 편향

제5부. 손실회피 성향와 행동심리 85

사람들은 이익보다 손실에 더 민감하다 ‖ 전망이론 ‖ 준거점이 중요하다 ‖ 작은 것에는 소심하나, 큰 것에는 대범하다 ‖ 기쁨은 한 번으로 충분하지 않다 ‖ 고통은 한 번이면 족하다 ‖ 사람은 확률을 주관적으로 판단한다 ‖ 리스크 회피 성향과 리스크 추구 성향 ‖ 투자이익과 손실에 대한 불균형적 태도

제6부. 심리적 회계와 행동심리 109

매몰비용 ‖ 때로는 포기할 줄도 알아야 하는 법 ‖ 우리 마음 속에도 회계장부가 있다 ‖ 꽁돈과 불로소득 ‖ 금액규모 효과

제7부. 휴리스틱과 행동심리 125

휴리스틱 ‖ 장점은 하나만 들어도 충분하다 ‖ 이용가능성 휴리스틱 ‖ 회상 용이성이 중요하다 ‖ 단점은 듣기 싫어도 최대한 많이 떠올리게 하라 ‖ 과연 사람들은 하나를 보고 열을 알 수 있을까? ‖ 대표성 휴리스틱 ‖ 소수의 법칙이라는 이름의 편향성 ‖ 기준점 휴리스틱 ‖ 오직 나만이 닻을 내릴 수 있다

제8부. 감정과 행동심리 ········· 149

감정적 휴리스틱 ‖ 감정이라는 꼬리가 이성이라는 몸통을 흔든다 ‖ 위험과 이익에 대한 착각 ‖ 통제에 대한 환상 ‖ 감정의 오귀인 현상 ‖ 좋아하면 판단하지 않는다 ‖ 레포 형성이 중요하다

제9부. 비교와 행동심리 ········· 165

타협효과 ‖ 유인효과 ‖ 가격 비교의 편향성 ‖ 무료는 비교의 균형을 무너뜨린다 ‖ 가격의 비밀 ‖ 질적 속성보다 양적 속성이 비교가 더 쉽다 ‖ 비교와 행복

제10부. 공유가치와 행동심리 ········· 185

최후통첩게임 ‖ 사람은 이익에만 연연하지 않는다 ‖ 때로는 비경제적 요인이 더 중요하다 ‖ 공공재 게임 ‖ 공유지의 비극

마치는 글 ········· 201

【 저자소개 : 김형석 】

청운대학교 광고홍보학과 교수다. 한양대 광고홍보학과에서 석사학위와 박사학위를 받았다. 포춘 커뮤니케이션 컨설팅 그룹 이사, 동명대학교 광고홍보학과 겸임교수, 세종대 신문방송학과, 숙명여대 홍보광고학과, 서원대 광고홍보학과, 경성대 광고홍보학과, 한양 사이버대 광고홍보학과에서 강의를 했으며, 한양대학교 연구교수, 한양대 광고홍보학과 조교수 등을 역임했다. 2005년 한국가상캠퍼스 Best teacher 상, 2007 한국광고홍보학회 학술대회 우수논문상, 2008 한국PR학회 학술대회 최우수 논문상을 수상한 바 있다.

공저서로는 『소셜미디어시대의 PR』, 『디지털 융합시대 광고와 PR의 이론과 실제』가 있다. 대학에서는 설득커뮤니케이션, 비즈니스 설득심리, 홍보학개론, PR캠페인, 광고매체론, 광고홍보조사론, 소비문화트랜드의 이해, 행동심리학의 이해 등을 강의하고 있다.

행동경제학이 알려주는 소소한 조언들

오류와 실수투성이 인간을 위한
행동심리학

김형석

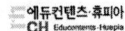

들어가는 글

 전통적인 경제학에서는 경제 주체로서의 인간을 한 마디로 호모 이코노미쿠스(Home economicus)라고 가정하고 있다. 호모 이코노미쿠스는 스스로의 이익을 위해 행동하고 냉철하며 합리적인 판단을 하는 경제학적 관점의 인간을 말한다. 여기서 합리적이라는 것은 의사결정을 할 때 모든 정보를 꼼꼼하게 입수하여 완벽하게 처리하고 가장 유리한 선택을 하는 것을 말한다. 다시 말해 호모 이코노미쿠스는 경제적 합리성에 따라 의사결정을 하고 행동하는 이성적이고 이상적인 사람을 말한다.
 인간을 호모 이코노미쿠스, 즉 합리적인 경제인이라고 전제한다면 많은 상황에 해당하는 이론을 만들기가 쉬워진다고 한다. 장기적으로 보면 인간은 나름대로 합리적이기 때문에 이 전제에 문제가 있다고는 말할 수 없다. 다만 이러한 전제만 따르게 되면 인간이 감각이나 직감에 의존하며 의사결정을 내리고 행동하는 부분들을 설명하기에는 다소 어려움이 따르게 된다. 사실 우리의 삶을 뒤돌아보면 과연 인간이 합리적인 존재이긴 한가라는 의문을 지울 수 없다. 이러한 경제학적 가정 속에서는 최근 우리 사회에서 나타나고 있는 '탕진잼', '보복 소비', '가심비', '일

점호화', '플라시보 소비'와 같은 사람들의 비합리적인 소비 행동들을 설명하는 데는 한계가 있다. 실제로 이성보다 감성에 호소하는 상품이 더 잘 팔리고, TV 광고에서는 자동차도 아파트도 모두 감성적 소구로 메시지를 전달하고 있다. 심지어 명품이라는 이름으로 잘 포장된 럭셔리 제품군들은 오히려 가격이 비쌀수록 더 잘 팔리고 있다. 한편 여러분은 한 할머니가 폐지를 팔아서 평생을 모은 1억이 넘는 돈을 장학금으로 쾌척했다는 훈훈한 뉴스를 본 적이 있을 것이다.

과연 인간은 합리적이며 이기적인 존재일까? 인간을 합리적이고 이기적인 존재로 가정하는 것은 이제 부분적인 진리일 뿐이다. 20세기 후반에 들어오면서부터 인간을 합리적인 소비의 주체로 파악하는 이론의 근간은 조금씩 흔들리게 된다.

아래의 질문은 사람들이 과연 합리적으로 판단하고 대답하는가를 확인하기 위해 자주 인용되는 대표적인 예 중 하나이다.

> 샤프와 샤프심의 가격은 모두 합해 1,100원이다. 샤프의 가격은 샤프심의 가격보다 1,000원 비싸다. 그렇다면 샤프의 가격은 얼마인가?

여러분은 이 질문을 받는 순간 샤프의 가격을 얼마라고 생각하였는가? 아마도 대부분의 사람들은 두 번 생각하지도 않고

들어가는 글

1,000원이라고 대답했을지도 모른다. 실제로 강의 중에 학생들에게 이 질문을 하게 되면 '뭐야, 너무 쉬운 문제잖아!'라고 생각하는 듯 큰 고민도 하지 않고 심지어는 자신있게 큰 소리로 1,000원이라고 외치는 학생들이 많았다. 그러나 정답은 1,050원이다. 이 문제는 학생들이 생각한 것처럼 결코 어려운 문제는 아니었다. 그런데도 많은 학생들이 이 문제의 정답을 왜 맞추지 못하였을까?

이 문제는 인간의 판단은 불완전하며 편향되어 있으며 순간적으로 무언가의 영향을 받고 있다는 것을 시사하고 있다. 혹 아직도 못 믿겠다면 다음의 문제도 한 번 풀어보기를 권한다.

시험관에서 박테리아가 증가하고 있다. 매초 박테리아는 두 배씩 증가하고 있다. 박테리아가 시험관을 가득 채우는 데는 60초가 필요하다고 한다. 그렇다면 박테리아 시험관의 반을 채우는 데는 몇 초가 필요할까?

위 질문에 대한 정답은 모두가 다 알고 있을 테니까 말하지 않겠다. 어떻게 여러분은 모두 정답을 맞추었다고 생각되는가? 아니면 혹시 아직도 이 문제의 정답을 30초라고 생각하고 있는 것은 아닌지 모르겠다. 이처럼 그리 어렵지 않은 퀴즈에서 나타나는 결과를 놓고 보게 되면, 과연 사람들이 냉철하고 합리적인 판단을 하는 이성적이고 이상적인 존재가 맞기는 한 건지 의문스러워지기도 한다.

우리 인간들은 사실상 날이면 날마다 이상한 일을 하곤 한다. 사람들은 때때로 술을 먹고 인사불성이 되기도 한다. 프로야구 선수들도 가끔씩 정신 나간 것처럼 본헤드(bone head) 플레이를 하기도 한다. 때로는 비장한 각오를 다지며 피트니스 센터에 등록했지만 작심삼일에 그치는 경우가 허다하다. 때로는 하루 온종일 힘들게 아르바이트를 해서 번 알바비를 한 시간 만에 다 써버리기도 한다. 이처럼 사람들은 전혀 말도 안 되고 또는 어떤 이유로도 설명할 수 없는 어처구니없는 판단과 선택을 하기도 하고 의외로 쉽게 많은 유혹에 빠지기도 한다. 또한 '~했어야 했는데' 또는 '~하지 말았어야 했는데'와 같이 무엇을 하고서도 후회를 하고 무엇을 하지 않고서도 후회를 하는 경우도 많다. 이러한 사람들의 판단이나 행동을 가만히 돌이켜보면 사람들이 결코 합리적이거나 이성적으로 보이지만은 않는다.

이처럼 사람들은 다분히 편의적이고, 즉흥적이고, 충동적이고, 다소 주관적으로 편향된 사고를 가지고 있다. 그리고 인간의 예측은 언제나 불완전하고 편향되어 있다. 어쩌면 인간은 그저 자주 까먹고 자주 실수하는 호모 사피엔스일 뿐인 듯하다. 이러한 사람들의 비합리적인 사고와 이상 행동들을 전통적인 경제학만으로 충분히 설명하기에 한계가 있었다.

이러한 흐름 속에서 행동경제학 분야의 대표적인 석학으로 명성이 높은 대니얼 카너만 교수는 인간의 행동을 결정짓는 데는 논리와 같은 합리적인 요소보다 심리적 요소가 훨씬 더 중요하다고 주장하였다. 그는 인간이 재화 자체가 아니라 다른 사람들을 기준으로 만족도를 평가한다고 설명하였다. 그는 인간은 합리적이지만 상황에 따라서 비합리적일 수도 있으며 인간이 보편적으로는 이기적으로 행동하지만 한편 이타적이기도 하다고 설명하였다. 예를 들어 사람들이 소위 명품을 선호하는 이유는 희소성으로 인한 나만의 만족과 다른 사람과의 차별화를 중요시하기 때문으로 설명된다. 그러나 다른 관점에서 소위 명품의 가격이 비합리적으로 비싸더라도 더 잘 팔리는 이유 중 하나는 사람들이 큰 단위의 가격에서는 가격에 대한 민감도가 둔해지기 때문이기도 하다고 설명할 수도 있다.

이처럼 사람들의 행동은 자주 경제학의 기대 효용 이론에서 예측한 바와 다르게 나타나곤 하며 합리성 이론만을 가지고 인간의 행동을 설명하는 데는 한계가 있었다. 이때까지 합리성 가정에만 매달려 온 경제학자들은 논리적이지 않은 것들에 대하여 예외 현상 또는 이상 현상이라는 이름으로 많은 것에 대한 설명을 포기해왔으며, 그와 연관된 심리학의 연구성과를 받아들이는데 인색했었던 것이 사실이었다. 이러한 맥락에서 기존의 전통 경제학은 경제 주체인 사람의 심리에 대한 분석이 부족해

왔다는 지적을 받아 왔었다.

그러나 이러한 경제학이 인간의 행동과 심리에 관심을 가지기 시작하면서부터 서서히 경제학의 새로운 패러다임이 열리기 시작했다. 어쩌면 경제를 움직이는 것은 사람의 마음일지도 모른다고 생각하기 시작한 것이다. 마치 사람들이 경기가 나쁘다고 생각하기 시작하면 소비가 얼어붙고 경기는 더 나빠지게 되고, 모두가 경기가 좋아진다고 생각하기 시작하면 소비가 활발해지고 경기는 한층 더 좋아진다는 것처럼 사람들의 심리상태는 경제에 무시할 수 없는 영향을 미친다고 생각하기 시작한 것이다. 마음이 인간의 행동을 결정하고, 인간 행동이 경제를 움직일 수 있다고 가정하기 시작한 것이다. 이때부터 사람들의 빈틈없는 합리적인 손익 계산보다 사람들의 감정을 더 비중있게 다루고자 하는 경제학의 새로운 흐름이 되기 시작된 것이다.

이런 배경 속에서 새롭게 등장한 경제학 패러다임이 바로 이 책에서 다루고 있는 행동경제학(behavioral economics)이다. 행동경제학은 한 마디로 인간의 제한된 합리성을 바탕으로 사람들의 경제활동에 대하여 고찰하는 학문이다. 여기서 제한된 합리성(bounded rationality)이라 함은 인간을 제한된 상황에서만 합리적으로 행동하는 비합리적인 존재로 파악하는 사고를 말한다. 즉 인간은 완벽하게 합리적이지도 또한 언제나 감성적이고 충동적이지도 않다는 것이다.

들어가는 글

행동경제학은 비합리적인 인간의 행동을 경제학적으로 활용하기 위해 인간의 심리를 다루는 학문으로 '경제심리학' 또는 '심리경제학'으로도 불리고 있다. 행동경제학은 인간의 마음으로부터의 의사결정 프로세스나 행동을 분석하는 비교적 새로운 분야의 학문으로 개인과 기업뿐만 아니라 국가 경제에 이르기까지 폭넓은 분야를 관심 영역으로 두고 있다. 이를 위해 행동경제학자들은 일반적인 인간의 경험적 사실을 관찰하고 이것들을 다양한 실험을 통해 증명하면서 그 이론적 틀을 정리해 왔다. 그렇기 때문에 행동경제학에 대해 알아간다는 것은 여러분들이 사람들의 의사결정과정과 행동을 이해하는데 큰 도움이 된다.

행동경제학자들의 일련의 연구성과들은 2002년에 이르러 노벨 경제학상 수상으로 전 세계적으로 인정받기 시작한다. 2002년 노벨 경제학상을 수상한 행동경제학의 구루라 불리우는 프린스턴 대학의 대니얼 카너만 교수는 전망 이론을 기반으로 기존 경제학의 이론적 기반인 인간의 합리성 가설을 뒤엎은 공로를 인정받게 되었다. 여기서 더 놀라운 사실은 그가 경제학자가 아니라 심리학자였음에도 불구하고 노벨 경제학상을 수상했다는 것일지도 모르겠다. 그는 행동경제학을 통해 인간의 경제 행위는 그리 합리적이지 않으며, 인간이 재화에서 추구하는 것은 재화의 효용가치가 아니라 최근 우리 사회에서 중요한 소비의 핵심 가치로 떠오르고 있는 '가심비'라는 것과 같은 심리적 가치라고 주장하였다. 더 나아가 그는 인간이 감정에 치우친 결정을 하는 오류투성이이며, 불확실성 속에서 내려지는 이러한 인간의 판단과 결정은 불확실할 수밖에 없다고 주장하였다.

그 이후에도 행동경제학의 지도적 연구자들인 예일대학교의 로버트 실러 교수(2013년)와 최근에는 '넛지' 이론으로 유명한 시카고대학교의 리처드 세일러 교수(2017년)가 연이어 노벨 경제학상을 수상하게 되면서 행동경제학은 경제학과 심리학의 융합 학문으로서 그 가치를 확실하게 인정받게 되었다.

이처럼 행동경제학이 경제학 분야에서 확실히 주목을 받게 된 이유는 바로 심리학을 기반으로 인간의 비합리적인 행동과 의사결정 프로세스를 잘 설명할 수 있었기 때문이다. 행동경제학자들에 의하면 특히 짧은 기간에 일어나는 경제 변화를 설명할 때 행동경제학은 더 위력을 발휘하는 경우가 많다고 한다. 행동경제학은 전통 경제학과 완전히 다른 학문은 아니다. 행동경제학은 여전히 경제학의 범주에 있으면서 심리학을 포함한 다양한 사회 과학의 연구결과들을 폭넓게 받아들이고 있는 학문적 성격을 가지고 있다. 그래서 훨씬 더 흥미롭고 유익하다. 최근 들어 행동경제학 이론을 기반으로 경제활동에 관한 다양한 현상들, 예를 들어 주식 및 외환시장의 동향을 비롯해 개인의 소비, 기업 프로젝트의 운영, 국가나 세계 금융 시장에서 발생하는 경제 위기 상황 등을 분석하고 해석하려는 연구들은 계속하여 증가하고 있다. 영국의 경우에는 '행동연구팀'이라는 조직을 설립하여 행동경제학과 넛지 이론의 인사이트를 정책 수립과정에 적극적으로 반영하고 있다고 한다.

행동경제학은 본성 그대로의 인간을, 이성과 감성에 의해 움직이는 인간을, 효용 극대화보다 효용 만족화를 추구하는 인간을, 일관된 선호가 아닌 상황적 선호를 가진 인간의 선택을 연구하는 학문이다. 그중에서도 특히 경제활동과 관련된 인간의 인지 경향과 행동의 특징을 밝혀내는데 중점을 두고 있는 것이다. 어떻게 보면 행동경제학은 경제학보다 오히려 심리학에 더 가깝다고도 볼 수 있다. 그렇기 때문에 여러분들은 경제학이라는 단어에 너무 주눅들 필요는 없다. 다만 인간의 경제활동에 대한 부분을 주로 다루다 보니 행동경제학이라는 이름으로 표현되었을 뿐이다. 행동경제학은 나 자신뿐만 아니라 우리 주변에서 일어나는 다양한 일들을 해석할 수 있는 방법들을 알려주는 매우 유용한 도구이자 학문 분야일 뿐이다.

여러분들은 스스로가 무엇을 좋아하는지 정확히 알고 있다고 생각하는가? 전통적인 경제학 이론의 논리 기반 중 하나는 사람들은 모두 분명한 선호를 가지고 있다는 것이다. 그러나 행동경제학은 사람들이 자신이 무엇을 좋아하는지에 대하여 일관되게 잘 알고 있다는 믿음을 완전히 뒤집어 놓았다. 일관된 선호가 없다는 것은 최적화할 수 있는 대상이 없다는 뜻이기도 하다.

행동경제학은 경제학 근처에서의 비판은 전망이론(prospect theory)을 중심으로, 반면에 심리학에 대한 비판은 휴리스틱(heuristic)과 편향성(bias)을 중심으로 설명을 하고 있다. 전망이론은 불확실한 상황에서 인간이 어떻게 예측하고 행동하는지를 설명하는 이론으로 사람들이 잠재적 이득과 손실을 어떻게 다르게 평가하는지를 설명함으로써 인간이 비합리적으로 행동하는 이유를 제시해주는 행동경제학의 대표 이론이다. 그리고 휴리스틱은 복잡한 판단을 간단한 경험의 법칙으로 단순화함으로써 시간을 줄여주는 어림짐작, 경험적 지식 등으로 불리는 정신적 지름길을 말한다. 휴리스틱을 사용한다는 것은 사람들이 예측 가능한 실수(predictable error)를 저지르게 만든다는 것을 알게 해준다. 이런 맥락에서 보면 행동경제학은 인간이 어떤 이유로 판단과 선택을 하는지를 그리고 그로 인해 어떤 결과가 나타나는지를 살펴보는 학문이라고도 말할 수 있다.

사람들은 위험이 높은 일보다 낮은 일들을 더 올바르게 처리할 수 있다고 한다. 사람들은 다소 사소한 일에 대한 판단과 선택의 경우에는 살아가면서 충분한 연습 기회를 통해 이를 올바르게 처리하는 방법을 배울 수 있기 때문이다. 하지만 주택 구입, 대출, 투자, 직장 등을 선택할 때와 같이 일생에 몇 번 겪지 않는 다소 큰일에 대해서는 살아가면서 충분한 연습이나 다양한 학습 기회를 가지기 어렵다. 이런 이유로 높은 위험 상황에서 의사결정의 질(quality)은 낮아지게 된다고 한다. 한편으로 행동경제학을 배우는 유용성이 여기에 놓여 있기도 하다.

사람들은 정보와 지식의 부족과 욕심 등으로 인해 때때로 어리석은 판단을 하곤 한다. 한편 인간의 그릇된 판단은 잘못된 프레임, 아집, 편견, 욕심 때문에 일어나기도 한다. 기업가는 자신에 유리한 쪽으로만 판단하기에 기업을 망치는 경우가 많고, 정치가들은 그릇된 신념 때문에 일을 그르치기도 한다. 사람들에게는 남들은 볼 수 있지만 정작 본인에게는 보이지 않는 '마음속 벌레' 즉 마인드 버그(mind bug)를 모두 가지고 있다고 한다. 이는 인간의 올바른 사고와 행동을 방해하는 마음속 깊이 숨어있는 편향성을 의미한다. 사람들은 정도의 차이가 있을 뿐이지 편견을 가지고 있지 않은 사람은 없다. 다시 말해 인지의 오류, 기억의 오류 더 나아가 판단의 오류로부터 자유로운 사람은 없다고 할 수 있다.

사람들은 이 책에서 살펴보게 될 자기중심성 편향, 소유 편향, 현상 유지 편향, 손실회피 편향, 비교 편향, 소수의 법칙의 편향, 다양한 휴리스틱 등과 같은 일정한 패턴에 근거하여 상황을 인식하고 의사결정을 하는 경향이 있다. 행동경제학은 이러한 부분들을 다양한 실험을 통해 이론화함으로써 사람들이 다양한 연습과 학습을 해나가며 더욱 만족스러운 의사결정을 할 수 있게 도와주는 학문이라 할 수 있다. 개인의 관점에서는 행동경제학에 관한 지식을 가지고 있느냐에 따라 인지, 기억, 판단의 오류로 인한 비합리적인 판단과 선택을 피할 수 있는 가능성이 커질 것이며 다른 한편으로는 이로 인해 여러분의 인생의 크게 달라질 수도 있을지도 모른다.

행동경제학은 시제로 치면 현재 진행형의 학문이다. 행동경제학은 현재도 우리 삶의 많은 부분에 반영되면서 이 사회를 더 좋은 방향을 이끌어 나가는데 일정 부분 기여를 하고 있다. 앞으로도 더 많은 사람들로 하여금 바람직한 변화를 받아들이게 하고 동시에 사람들이 더욱 충실하고 이상적인 삶을 추구할 수 있게 하기 위해서는 행동경제학에 대한 더 많은 관심과 논의가 필요하다.

이 책은 필자가 대학에서 강의하고 있는 '행동심리학의 이해'라는 강의 내용을 책으로 정리한 것이다. 그러다 보니 이 책은 현장에서 학생들을 대상으로 강의를 진행하는 것처럼 써 내려갔다. 한편으로는 어떻게 보면 경제학이 아니라 심리학 같아 보이기도 하고 또 어떻게 보면 심리학보다는 경제학에 더 가까워 보이기도 하는 행동경제학이라는 학문을 여러분들이 조금 더 쉽게 인간의 행동 심리 관점에서 접근하고 이해할 수 있도록 쓰고자 하였다. 이에 다소 무미건조할 수 있는 개론서나 논문처럼 지나치게 학문적인 내용에만 치우치기보다는 현시점에서 우리 사회에서 일어나고 있는 다양한 현상들을 접목시켜 설명하는 방식으로 써 내려감으로써 독자들의 이해를 돕고 현실적인 의사결정에 있어서도 도움을 주고자 하였다. 더 나아가서는 이 책에서 앞으로 주로 다루게 될 행동경제학에서 말하고 있는 우리 인간들의 편향성과 휴리스틱으로 인한 예측가능한 오류에 대하여 독자 여러분보다 앞서 많은 생각과 깊은 고민을 해 본 선배로서 또는 대학에서 학생들을 가르치는 교수의 입장에서 여러분 모두가 젊은 대학생이자 필자의 자녀들이라 생각하고 소소한 조언들도 함께 덧붙이고자 하였다. 그럼에도 불구하고 필자 역시 우리 인간이 가지고 있는 편향성에서 그다지 자유로울 수 없음을 인정하지 않을 수 없다. 그렇기 때문에 필자의 소소한 조언들이 읽는 이로 하여금 다소 불편하게 느껴지거나 '꼰대'들의 흔한 잔소리로 들릴 수도 있을 것이다. 만약 그렇게 느껴진다면 너그러이 그 부분은 무시하고 넘어가 주기를 부탁해본다. 필자 역시 그저 그러한 여러분과 같은 한 명의 인간일 뿐이니까. 다만 이 책을 통해 여러분이 우리 인간들이 가지고 있는 다양한 편향성과 오류들에 숨은 속뜻을 이해하고 앞으로 보다 현명한 판단과 선택을 함으로써 삶을 살아가는 데 소소한 인사이트(人sight), 즉 사람의 마음과 행동을 들여다볼 수 있는 통찰력을 꼭 얻어가기를 바란다.

에듀컨텐츠·휴피아
Educontents·Huepia

제1부
자기 중심성과 행동심리

❖ 오류와 실수투성이 인간을 위한 **행동심리학** ❖

자기 중심성

인간의 뇌는 선천적으로 타인의 관점을 잘 이해하지 못한다고 한다. 사람들은 저마다의 시각으로 세상을 바라보고 상대의 상태를 판단하는 경향이 있다. 그렇기 때문에 사람들은 자신이 처한 상황이나 경험에 따라 서로 다른 인식과 해석을 내놓게 된다. 어떤 사람이 산에서 조난을 당했다고 한 번 상상해 보자. 여러분은 이 사람이 '갈증'과 '허기' 중에 무엇을 더 고통스러워했을 것이라 생각되는가? 만약에 여러분이 '갈증'이라고 생각했다면 그것은 아마도 여러분 스스로가 지금 목이 살짝 마른 상태였기 때문일 수 있다. 반면에 여러분이 '허기'라고 생각했다면 그것은 아마도 여러분이 지금 배가 살짝 고픈 상태였기 때문일 수도 있다. 아니면 그와 비슷한 상태를 스스로 경험한 적이 있었기 때문에 그러한 대답을 할 가능성이 높다고 볼 수 있다.

'자기'라는 프레임에 갇혀 있는 인간들은 우리의 의사전달이 항상 정확하고 객관적이라고 믿는다. 그러나 모든 것은 오직 내 자신의 프레임 속에서만 자명한 것일 뿐 다른 사람의 프레임에서 보면 지극히 애매하게 여겨지기 마련이다. 예일대학교 심리학과에서 연주자는 손가락으로 책상을 두드려서 어떤 노래를 연주하게 하고, 청중은 그 노래의 제목을 알아맞히는 실험을 진행한 적이 있었다. 연주가 끝나면 청중은 노래 제목을 추측해서 적게 하였고, 연주자는 자신이 연주한 노래 제목을 상대방이 알아맞힐 확률을 추측해서 적게 하였다. 과연 이 실험에서 연주자들은 청중이 노래 제목을 알아맞힐 확률을 몇 퍼센트로 예상했을까? 반면에 청중이 실제 연주된 노래 제목을 맞힌 비율을 어느 정도였을까? 만약 여러분이 연주자의 입장이라고 한다면, 여러분이 펜을 두들겨 연주한 대중적인 노래의 제목을 청중들이 맞출 확률은 몇 퍼센트 정도 될 것이라 생각되는가? 혹시 여러분은 적어도 반 이상의 청중들은 여러분이 연주한 노래의 제목을 알아맞히지 않을까 하는 생각을 하지 않았을까? 그러나 이 실험에서 실제로 청중들이 노래 제목을 알아맞힌 비율은 3%가 채 안 되었다고 한다. 그리고 필자가 대학에서 학생들과 여러 차례 이와 같은 실험을 진행했을 때도 그 결과는 크게 다르지 않았었다.

   이처럼 우리는 내가 무언가를 알고 있다고 해서, 다른 사람도 당연히 그것을 알 것이라고 생각하는 편향성을 가지고 있다. 이것을 '자기 중심성(ego centrism)' 편향성이라고 한다. 이러한 편향성으로 인한 인식의 차이는 대개 커뮤니케이션의 실패로 이어지는 경우가 많다.

잘못된 합의 효과

사람들은 대체적으로 나의 생각 또는 나의 선택이 보편적인 것이라 생각하는 경향이 있다. '자기 중심성' 편향성으로 인해 사람들은 다른 사람들도 나와 비슷한 생각을 가지거나 비슷한 선택을 할 것이라고 생각하게 되는 것이다. 하지만 내가 안다고 다른 사람도 알 것이라고 생각하는 것은 인간이 하는 대표적인 오류 중 하나이다.

"넌 어떻게 이렇게 쉬운 것도 모르니?"
"장난친 것 가지고, 왜 그리 속 좁게 구는 거야?"

여러분은 평소에 이런 말을 하거나 들어 본 적이 있을 것이다. 이러한 일상의 표현들은 바로 '잘못된 합의 효과(false consensus effect)'로 인한 것이다. '잘못된 합의 효과'란 자신의 의견, 선호, 신념, 행동이 실제보다 더 보편적이라고 착각하는 '자기 중심성'을 나타내는 개념이다. 이로 인해 사람들은 자신의 의견을 일반적으로 통용되는 사회 가치로 간주하고 다른 사람들도 자신의 의견 더 나아가서는 내가 느끼는 감정까지도 같을 것이라고 생각하게 된다. 이러한 맥락에서 보게 되면 "넌 이렇게 쉬운 것도 모르니?"라고 말속에는 내가 아는 것이니까 상대방도 당연히 알 것이라고 생각이 담겨 있는 것이다. 또한 "장난친 것 가지고, 왜 그리 속 좁게 구는 거야?"라는 말속에는 본인은 장난이었으니까 상대방 역시 장난으로 받아들일 것이라는 생각이 담겨 있는 것이다. 바로 이러한 인식의 차이가 역시 사람들 간의 원만한 소통을 방해하는 원인이 되기도 한다. 이 말을 격언이라 해야 할지 모르겠지만 "개떡 같이 말해도 찰떡 같이 알아 들어야지…"라는 말이 있다. 그러나 현실 세상에서는 "개떡 같이 말하면 정말 개떡 같이 들린다"라는 사실을 기억할 필요가 있다.

자기 중심적 평가

사람들은 '자기 중심성' 프레임을 갖고 있기 때문에 이로 인해 자신의 이미지를 타인에게 투사하는 경향 또한 가지고 있다. 여러분은 다른 사람은 평가할 때, 주로 어떠한 평가를 많이 하는 편인가? 어떤 사람은 타인을 평가하거나 첫인상을 규정할 때 저 사람은 똑똑해, 능력 있어 보여, 좋은 대학을 다녀 등과 같이 '얼마나 똑똑한가?'라는 차원에서 볼 것이다. 또 어떤 사람은 저 사람은 정말 좋은 사람이야, 마음이 참 따뜻해 등과 같이 '얼마나 좋은 사람인가'의 차원으로 타인을 평가하기도 할 것이다.

이와 관련된 연구들에 의하면, 타인을 능력 차원으로 평가하는 사람은 자기 자신을 평가할 때도 능력을 가장 중요하게 생각하는 경향이 있다고 한다. 이를 반대로 놓고 보면 자기 자신이 능력을 가장 중요한 요소로 보기 때문에, 다른 사람을 평가할 때도 동일한 차원으로 평가하게 된다는 의미가 된다. 그렇기 때문에 누군가가 "저 사람은 이런 사람이야."라고 말하는 것을 보게 되면, 저 사람이 어떤 사람인지에 대한 정보 뿐만 아니라 오히려 이 말을 하는 누군가가 어떤 사람인지 또는 그 누군가가 무엇을 중요하게 생각하는 사람인지를 알 수 있게 된다.

사람들은 다른 사람들의 걷는 모습, 옷 입는 스타일, 글씨체, 자주 듣는 음악, 혈액형 등을 통해 그 사람의 성격을 파악할 수 있다고 생각한다. 그러나 다른 사람들은 나를 잘 파악하고 있지 못한다고 또는 잘 모른다고 생각하는 경향이 있다. 즉 '나는 너를 알지만, 너는 절대로 나를 모른다.'라는 편향성을 가지고 있는 것이다. 나의 입장에서 상대방은 단순한 존재지만 나 자신은 그 누구에게도 쉽게 파악될 수 없는 복잡한 존재라고 생각하는 것이다. 다른 한편으로는 여러분은 결코 치우침이 없이 객관적으로 다른 사람을 바라보고 있지만 다른 사람들은 여러분을 있는 그대로 보지 않고 끊임없이 오해하고 있다고 생각하며 이 세상을 살고 있다. 이 역시 '자기중심성' 프레임을 과도하게 사용하게 되면서 나타나는 편향성 또는 착각 중 하나임을 기억해야 한다.

자기 과대 평가

주식을 하는 많은 개인 투자자들은 전체 투자자들보다 자신이 더 영리하다고 착각하여 '다른 개인 투자자들이 다 잃더라도 나는 절대 잃지 않을 것이다'라고 생각한다고 한다. 솔직히 말하면 필자 역시 이에 속하는 것 같기도 하다. 최근 들어 주식거래나 코인 투자에 있어서 성공에 대한 확신이 지나치게 높은 사람들을 많이 볼 수 있다. 그러나 실상은 사람들이 그 분야에 대해 잘 모르기 때문에 오히려 자신감이 충만한 상태일 수도 있다. 이러한 자신감을 최근 들어 사람들은 '근자감' 즉 근거 없는 자신감이라고 부르기도 한다. 이러한 사람들의 '근자감'은 때때로 잘못된 판단과 행동으로 이어져 특히 투자와 관련하여 큰 손실로 이어지는 경우가 많다.

사람들은 누구나 자신을 평균 이상이라고 생각하는 것 같다. 일반적으로 사람들은 자신을 평균 이상의 능력을 갖춘 운전자, 투자가, 기업가, 지원자라고 생각하는 경향이 많다. 하지만 이것 모두 사실은 자신을 과대평가하는 것일 수 있다.

자신감이 넘친다는 것은 어떤 의미일까? 한 연구 결과에 의하면, 자신감이 넘치는 사람은 사회적으로 높은 지위에 오를 가능성이 더 많다고 한다. 자부심이 강한 사람은 다른 사람보다 능력이 다소 떨어지더라도 사회적인 명성을 더 얻는 경우가 많다고 한다. 이렇듯 자신감을 갖는다는 것은 그만한 가치가 충분히 있다. 하지만 근거 없는 자신감이 지나치게 되면 잘못된 판단이나 실수를 하게 되는 경우가 반드시 생기게 된다. 이처럼 능력이 없기 때문에 잘못된 결론에 도달하더라도 실수를 알아채지 못하는 현상을 소위 '더닝-크루거 효과(Dunning-Kruger effect)'라고 한다. 데이비스 더닝과 저스틴 크루거 교수는 인지 편향 실험의 일환으로 20가지의 논리적 사고와 관련된 시험을 치르게 한 후 자신의 예상 성적 순위를 제출하도록 하였다. 그 결과 성적이 낮은 하위 25%의 학생들은 자신들의 예상 순위를 상위 40% 이상으로 과대평가하였다고 한다. 반면에 성적이 높은 상위 25%의 학생들은 자신들의 예상 순위를 상위 30% 이하일 것이라고 스스로를 과소평가하는 경향이 나타났다고 한다. 이들은 성적이 낮은 학생들이 유난히 자신들을 과대평가하는 이유는 바로 자신이 무엇을 틀렸는지 모르기 때문으로 설명을 하였다.

일반적으로 능력이 없는 사람은 잘못된 결정을 내려 잘못된 결론에 도달하게 되는 경우가 많지만, 능력이 부족하기 때문에 자신의 실수를 알아채지 못한다고 한다. 그렇기 때문에 자신의 실력을 높게 과대평가하는 경향이 나타난다고 한다. 이처럼 때때로 무지는 지식보다 더 사람들을 확신에 차게 만들기도 한다. 이처럼 아는 게 별로 없을 때(Know-nothing)는 자신감이 더 크게 나타나곤 한다. 바로 '근자감' 상태인 것이다. 더닝과 크루거는 이를 우메함의 봉오리(Peak of Mr. Stupid), 즉 명청함의 절정을 찍는 단계로 설명하였다. 대부분 능력 없는 사람들이 하는 이러한 착각은 자신에 대한 오해에 기인하고 있다.

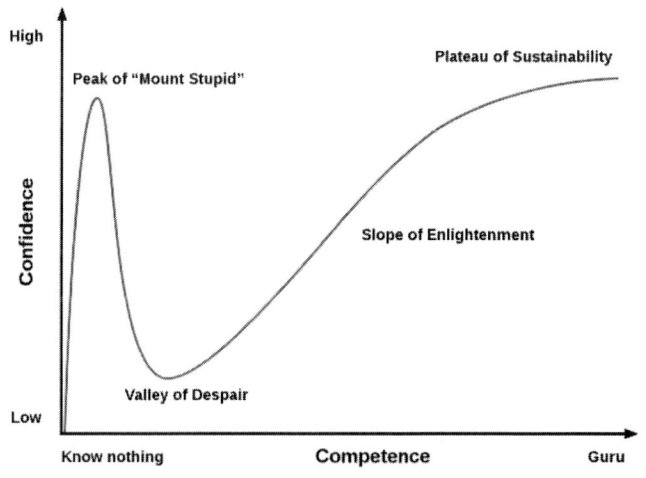

반면 능력이 있는 사람은 오히려 자신이 무엇을 틀렸는지를 알기 때문에 자신의 실력을 과소평가하여 열등감이나 과잉불안을 보이는 경우가 나타난다고 한다. 능력 있는 사람들이 하는 이러한 착각은 대개 다른 사람에 대한 오해에서 기인하기도 한

다. 더닝과 크루거는 이 과정을 사람들이 절망의 계곡(valley of despair)에 빠지는 단계를 거쳐 지식과 경험이 쌓이기 시작하면서 깨우침의 경사(slope of enlightenment)를 타고 점점 자신감이 상승하며 자리를 잡게 된다고 설명을 하고 있다.

사람들은 자신감뿐 아니라 스스로의 자제력 또는 절제력 등도 과대평가하는 경향이 있다. 스스로가 유혹에 강하다고 생각하는 사람들일수록 오히려 평균 이상으로 유혹에 넘어가는 경향이 더 높다고 한다. 사람들이 무언가를 하면 안 되는 줄 알면서도 무언가에 빠지게 되는 대표적인 이유는 바로 스스로의 자제력 또는 통제력을 과대평가하기 때문일 수도 있다. 어쩌면 사이렌(siren)의 유혹을 이겨내지 못할 것이라는 판단으로 선원들에게 자신을 기둥에 묶고 귀를 막고 풀어주지 말라고 한 율리시스 계약 이야기는 사람들이 갖추어야 할 현실적이고 냉정한 자기평가의 중요성을 다시 한번 생각하게 만들어 주는 좋은 사례인 것 같다.

자기중심성의 극복

사람들은 비록 자신들이 연극의 주인공은 아니지만 종종 자신들도 스타들처럼 조명을 받고 있다고 착각하며 다른 사람들의 시선에 필요 이상으로 신경을 쓴다. 이를 조명효과(spotlight effect)라고도 한다. 우리들은 다른 사람이 나를 주시하고 있다고 생각하지만, 정작 우리를 보고 있는 것은 남이 아닌 바로 자기 자신이다. 사람들은 사실 마음속에 CCTV를 설치해 놓고 스스로를 모니터링하고 있으면서 다른 사람들이 자신을 주목하고 있다고 착각하며 살고 있다.

심리학의 연구 결과에 의하면, 권력을 가진 사람일수록 자기중심으로 생각하는 경향이 강하다고 한다. 이와 관련된 유명한 실험으로 상대방이 볼 수 있도록 '알파벳 E'자를 자신의 이마에 써 보게 하는 실험이 있다. 이 실험에 의하면, 권력자 집단으로 구분된 피실험자들의 그렇지 않은 집단보다 자신이 쓰는 입장에서 영어 알파벳 E자를 그대로 이마에 쓴 비율이 더 높았다고 한다. 이는 자기중심적인 사람일수록 한편으로 상대방의 입장을 살피는 능력이 떨어진다는 것을 의미하고 있다. 다시 말해, '자기 중심성'이 강할수록 상대방의 입장을 살피는 공감 능력은 떨어진다고 한다. 그렇기 때문에 여러분들이 '자기 중심성'을 극복하기 위해서는 타인의 입장에 놓인 자신을 상상하는 것을 통해 타인의 의도나 태도 또는 감정과 욕구를 추론하는 능력이 필요하다. 이를 조망 수용 능력(perspective taking ability)이라고 한다.

조망 수용 능력을 갖추기 위해서는 내가 항상 옳은 것은 아니며, 내 말에 일리가 있다고 여기는 만큼 상대의 말에도 일리가 있다는 것을 기억해야 한다. 어떤 경우에는 상대의 입장이 되어보고 상대의 눈높이에 맞추려는 자세 즉 易地思之의 자세 또한 요구된다. 더 나아가 상대를 위하고 아끼는 진실함이 있다면 '자기 중심성' 편향에서 벗어날 수 있을 것이다. 한 방송에서 왜 당신의 詩에는 유독 '너'라는 단어가 많이 쓰이는 것인가?'라는 질문에 나태주 시인은 이렇게 답했다. 만약 '너'가 아니라 '나'를 주제로 詩를 썼으면 과연 그게 詩가 되었겠는가? 라고. 어쩌면 여러분이 '자기 중심성' 편향을 극복하기 위해서는 나태주 시인의 詩 구절처럼 '내가 아닌 너를 보는, 꽃을 보듯 너를 보는' 것과 같은 그런 관점이 필요한 것일지도 모르겠다.

제2부
소유의식과 행동심리

❖ 오류와 실수투성이 인간을 위한 **행동심리학** ❖

이미 갖고 있는 것은 놓치기가 싫다

여러분이 3,000원 짜리 복권을 한 장 구입 했다고 가정을 해보자. 복권 판매가 종료된 후에 다른 사람이 그 복권을 양도해 달라고 요청을 한다. 여러분은 과연 얼마에 그 복권을 팔 것 같은가? 한 실험 결과에 의하면, 실험에 참가한 사람들은 대략 12,000원 정도를 요구했다고 한다. 왜 이러한 결과가 나타난 것일까?

소유욕은 자신이 소유한 물건에 쏙 반하고 마는 성향이자 인간의 본성이다. 소유한 것을 잃거나 빼앗긴다는 것은 인간에게 극심한 상실감을 안겨준다. 사람들은 손실 회피 성향이 강하기 때문에 이러한 상실감을 쉽게 받아들이려 하지 않는다. 우리가 살다 보면 자기가 가진 것은 높게 평가하는 반면 남의 것은 쉽게 평가 절하하는 경우를 자주 보게 된다. 이런 이유로 사람들은 내 것을 평가 절하하는 사람을 제일 싫어하는 것 같다. 마키아벨리의 '군주론'에는 이러한 문구가 있다고 한다. "군주는 백성들의 재산을 빼앗는 일을 삼가야 한다. 왜냐하면 인간은 재산을 잃은 슬픔보다 부모의 죽음을 더 빨리 잊는 존재이기 때문이다."

소유효과

 사람들은 뭔가를 부여 받아 자신의 소유가 된 대상에 대해 그 가치를 비이성적으로 높게 평가하는 경향을 가지고 있다. 이를 소유효과(endowment effect) 또는 부존자원 효과라고도 한다. 소유효과란 사람들이 무언가를 보유하고 있는 것만으로도 무의식적으로 나타나는 현상이다. 이는 재화의 효용성보다 개인이 해당 재화를 가지고 있다는 것을 기준점으로 삼기 때문에 나타나는 편향성을 말한다. 그래서인지 사람들은 같은 물건이라도 자신의 소유가 되면 그 소유물을 포기하는 대가로 과도한 보상을 요구하게 된다. 이는 사람들이 이득에 따른 만족감보다 손실에 따른 상실감을 더 크게 느끼는 손실 회피 성향과도 관련이 있다. 사람들은 절대 손해 보고 싶지 않아 한다. 그래서 가지고 있는 무언가를 처분하지 않으려는 경향 또한 강해진다. 그리고 이 과정을 통해 소유물의 가치를 과대평가하게 되는 현상이 발생하게 된다.

 사람들은 차나 집 그리고 주식뿐만 아니라 심지어 잡다한 물건들에 이르기까지 '내돈내산'한 재화가 자기 소유라는 이유 하나만으로도 소유하지 않은 것보다 더 높은 가치를 매기는 경향이 있다. 누구나 자기 소유물은 소중하고 가치가 있다고 생각한다. 그래서 사람들은 대체적으로 이러한 소유물을 보유하고 또 불리기 위해 노력을 아끼지 않으며 살아간다.

한편 사람들이 자신이 소유하고 있는 재화를 미래에 거래할 가치의 운반체로 인식할 경우에는 소유효과가 발생하지 않는다고 한다. 예를 들어 여러분이 어떤 한 종목의 주식을 가지고 있다고 가정해보자. 만약 여러분이 가지고 있는 주식의 가치가 지나치게 저평가되어 있다는 생각이 든다면, 그것은 어쩌면 소유효과로 인한 편향성의 탓이라고도 말할 수 있다. 이러한 현상은 특히 어떤 주식이 내림세를 보일 때 더 강하게 나타나는 경향이 있다. 다시 말해 이는 소유자의 가치평가가 더 높아진다는 의미이기도 하다. 이러한 관점에서 보면, 여러분들이 주식투자에서 큰 손해를 보지 않기 위해서는 여러분이 무슨 주식을 가지고 있는가에 연연하기보다는 또 하나의 재화의 운반체로만 인식하고 그 주식을 매수할 때 미리 일정한 시세에 미달하면 매각하겠다는 소위 손절가를 미리 정해 놓음으로서 소유효과를 미리 차단하는 것이 중요할 수 있다.

통상적으로 거래 경험이 증가하게 되면 이에 따라 소유효과가 미치는 영향 역시 감소하게 된다고 한다. 최근의 소비문화 트랜드가 '소유'에서 '경험'으로 전환되고, '소유'보다 '효용'을 누리는 것으로 변화함에 따라 중고거래, N차 신상, 리셀 현상이 확산되고 있는 것도 이와 관련지어 설명할 수 있다.

제2부. 소유의식과 행동심리

보유효과

　소유효과 관련된 이러한 현상들은 물건을 잠시 보유하거나 보관할 뿐 소유하지 않은 상황, 즉 보유 상황에서도 자주 발생한다. 사람들은 사람들 대하듯 물건에 대해서도 감정적 대입을 하는 경향이 있다. 넷플릭스의 '30일간 무료 체험' 프로그램과 같이 일 주일간 또는 한 달간 써보고 결정하라는 체험 마케팅 프로그램 등은 바로 보유 효과와 직접적으로 관련된다. 기업들은 환불 보장 서비스, 체험단 활동 등 다양한 혜택을 통해 소비자들이 제품이나 서비스를 잠시나마 보유하도록 만든다. 3일이든 한 달이든 일단 소비자의 손에 제품을 안기고 서비스를 이용하게 만든다. 그러면 이들은 사람들이 잠시나마 무언가를 보유하고 있는 순간부터 애착이라는 것이 생겨나고, 나중에 그것을 되돌려 주거나 무료 체험이 끝나는 순간에는 사람들이 무언가를 잃는 고통을 겪을 수밖에 없다는 사실을 너무도 잘 알고 있기 때문이다. 소비자들은 체험기간 동안 해당 제품 또는 서비스에 익숙해져 그것을 자산의 일부로 느끼게 되며, 해당 기간이 끝나고 그 제품을 반환하거나 서비스를 더 이상 받지 못한다는 사실에 대해 상실감을 느끼게 된다. 다른 관점에서 보면 사람들은 제품을 반환할 때 느끼는 손실을 환불로 생기는 이득에 비해 더 크게 지각한다고 한다. 이와 관련된 행동경제학들의 많은 실험 중에서 가장 대표적인 실험에는 바로 머그컵과 관련된 실험이 있다. A그룹에게는 머그컵을 주면서 초콜릿바와 교환 할 수 있도록 하였다. 그리고 다른 B그룹에게는 반대로 초콜릿바를 주면서 머그컵과 교환할 수 있도록 하였다. 실험 결과 머그컵과 초코릿바를 자유롭게 선택하도록 한 통제그룹에서는 거의 반반의 비율로 선택이 이루어졌다. 반면에 앞에서 설명한 두 실험그룹 A와 B에서는 모두 약 90%가 처음 보유했던 머그컵과 초콜릿바를 그대로 보유하겠다는 선택을 한 것으로 나타났다. 이는 본인이 소유했던 것을 팔거나 내어 놓는 것을 손실로 판단하였기 때문에 나타난 결과로 설명되었다. 이러한 결과는 다른 행동경제학자들의 비슷한 실험에서도 거의 동일하게 나타났다.

경제학 이론에 따르면 소유 여부와 관계없이 같은 가치의 물건에 대한 평가는 언제나 같아야 한다. 따라서 이러한 소유 또는 보유 효과는 기존의 이론만으로는 설명하기가 힘들다. 사람들에게는 한 번 소유한 것을 잃거나 바꾸고 싶어 하지 않는 욕구가 있다. 소유한 것을 소중하게 생각하는 심리적 가치 상승 효과가 작용하고 있기 때문이다. 마치 이삿짐 속에서 십여 년 동안 사용하지 않던 살림살이들이 그대로 다시 실려가는 것처럼 또는 옷장 속에 오랫동안 안 입는 옷들이 그대로 자리를 차지하고 있는 것과 같이 말이다. 여기서 알 수 있는 분명한 것은 무언가를 얻었을 때 얻는 만족보다 무언가를 잃을 때 느끼는 심리적 상실감이 더 크다는 것이다.

사람들은 바꾸어야 할 타당한 이유가 없는 한 또는 타당한 이유가 있을 때조차도 기존의 것을 그대로 유지하려는 경향이 있다. 이러한 부분은 다음 챕터에서 살펴보게 될 현상 유지 편향성으로 연결되는 지점이기도 하다. 이러한 편향성들은 종종 힘을 합쳐서 인간의 발전적인 변화를 가로막는 걸림돌이 되기도 한다.

사람들은 이익보다 손실을 더 크게 평가한다

행동경제학의 대표 이론 중 하나인 전망이론(proepect theory)의 가치함수에 따르면 사람들은 이익보다 손실을 약 2.25배 더 크게 평가하는 경향이 있다고 한다. 이러한 이유로 사람들은 손실을 회피하려는 경향이 강해지는 것이다. 이로 인해 사람들은 소유하고 있는 물건을 내어 놓는 것을 손실로 파악하게 되고, 보유하고 있는 것을 내놓지 않으려는 집착이 생기게 된다. 사람들은 더하는 것보다 줄어드는 것을 더 싫어한다. 그렇기 때문에 사람들은 아주 작은 것일지라도 이미 소유하고 있는 것을 내놓으려고 하지 않는다. 보유효과가 자동차 구매 결정에 어떠한 영향을 미치는가를 연구한 실험에서는 참가자들을 두 그룹으로 나누어 각각 다른 가격 책정 방법을 보여 주었다고 한다. 하나는 '옵션 추가 가능 가격 책정' 방법이고 다른 하나는 '옵션 제거 가능 가격 책정' 방법이었다. 언뜻 보면 두 가지 방법에 차이가 없을 것 같지만 어떤 방식을 적용하느냐에 따라 소비자의 최종 구입 가격은 달라지는 것으로 나타났다. 이 연구에 의하면, '옵션 추가 가능 가격 책정' 방법보다 '옵션 제거 가능 가격 책정' 방법에서 더 높은 평균 최종 구매 가격이 나타났다고 한다. 연구자들은 이러한 결과가 나타난 이유를 사람들이 자동차에 부착된 옵션에 대해 보유 자산의 일부로 간주하였으며, 그것을 포기하는 것에 대해 손실의 아픔을 경험하게 되었고 그 결과 옵션의 제거가 최소화되면서 최종 구매가격이 높아진 것으로 설명하였다. 즉 옵션을 추가하는 것에 대한 기쁨 또는 이득 보다 옵션의 일부 포기로 인한 상실감 또는 손실을 더 크게 인식한 결과라고 본 것이다. 이처럼 사람들은 효용의 상실을 경험하는 것을 더 싫어하는 경향이 있다.

효용의 상실

최근 사람들의 소비는 제품을 소유하는 것에서 제품의 효용 또는 서비스를 누리는 것으로 변화하고 있다. 대표적으로 예로는 넷플릭스나 티빙(Tving)과 같은 OTT 서비스, 음악 스트리밍 서비스, 카카오톡 이모티콘 서비스 등을 들 수 있다. 이와 관련된 비즈니스 산업군의 마케터들은 사람들로 하여금 다양한 무료 체험 서비스를 등을 통해 그 제품 또는 서비스의 효용성을 경험하게 하고 나서 결국에는 소비자들이 보유하고 있던 효용의 상실을 경험하게 유도하고 있다.

제2부. 소유의식과 행동심리

즉 무료 체험 기간이 끝나고 유료로 전환하는 시점에 앞으로 지불해야 하는 비용보다 그동안 익숙해지고 이미 그 가치를 알아버린 소비자들이 더 이상 그 서비스를 누릴 수 없게 된다는 효용성의 상실을 더 크게 느끼게 만들어 버리는 것이다. 이때 소비자들은 새로운 지불 비용보다 지금까지 누리던 서비스 효용성의 상실을 더 크게 지각하게 되며 한편으로는 '이렇게 유익한 컨텐츠를 잃어버리는 것은 어리석은 행동이 틀림없어!'와 같은 생각으로 계속해서 해당 서비스를 유지하게 되는 것이다.

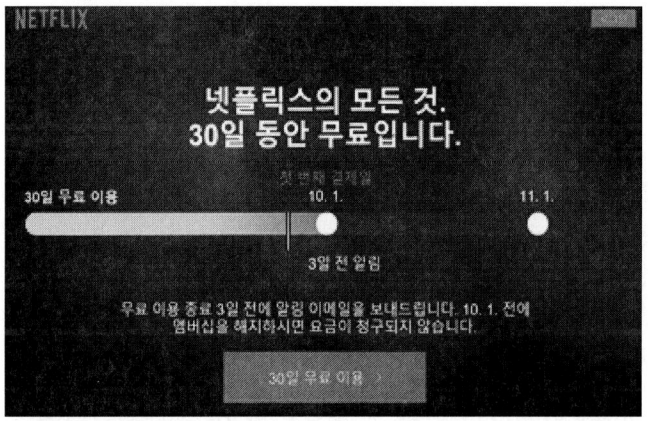

다른 한편으로 일명 엿장수 기법이라 할 수 있는 '보상판매'의 예를 들어 보자. 앞에서 사람들은 자기 것을 평가 절하하는 사람을 제일 싫어한다고 말한 바 있다. 이를 다르게 말하면 자기의 것을 높게 평가해주는 사람에게는 호감을 갖게 된다는 의미가 된다. 바로 보상판매 방법은 소비자들이 소유하고 있는 효용성이 남아있는 제품의 가치를 높게 평가해줌으로 새로운 제품의 교체를 유도하는 대표적인 방법이라 할 수 있다. 최근 들어서 보상판매 전략은 자사의 제품뿐만 아니라 타사 제품으로도 그 대상이 확대되고 있으며, 이는 자사의 고객 유지뿐만 아니라 경쟁사 고객의 상표 전환(bland switching)을 유도하기 위한 방법으로 활용되고 있다. 다른 한편으로는 기존 제품의 잔존가치에 대한 경제적 보상뿐만 아니라 공익을 접목한 착한 보상판매 형태도 나타나고 있다.

소유효과와 접촉

  소유효과의 또 다른 특징 중 하나는 많은 노력을 기울였을수록 소유의식 또한 강해진다는 것이다. 사람들은 무언가에 많은 노력을 기울였거나 자꾸 만지게 되면 해당 결과물에 대해 애정이 생기는 현상을 경험하게 된다. 사람들은 자신의 손때가 묻은 제품에 많은 애정을 갖기도 한다. 이를 DIY 가구 브랜드의 선호 현상에 빗대어 소위 '이케아(IKEA) 효과'라고도 한다.
  이처럼 접촉(touch) 또한 소유효과를 더 강화시키는 요인 중 하나라고 할 수 있다. 사람들이 제품에 접촉을 하게 되면 그로 인해 애착이 생기고 소유욕도 더 증가한다고 한다. 이로 인해 소유의식이 강해지면 대상에 대한 평가도 좋아지고 구매로 이어질 가능성도 그 만큼 높아진다고 한다. 지금까지의 규명된 터치의 효과에 관한 연구에 의하면, 터치는 소유의식, 상품의 시음 및 구매, 쇼핑 시간과 구매액의 증가, 해당 기업에 대한 신뢰도 및 이미지 제고, 상품이나 서비스의 매출, 고객만족도 등에 긍정적인 영향을 미치는 것으로 알려져 있다. 심지어 머그잔을 터치한 그룹과 그렇지 않은 그룹을 비교한 결과, 잠깐이지만 머그잔을 터치하면서 제품을 살펴본 그룹이 해당 제품의 가치와 가격을 더 높게 평가한 것으로 나타났다. 이는 상품의 터치가 소유의식을 유발하고 상품에 대한 긍정적인 평가로 이어지는 것이라 할 수 있다. 세일즈 분야의 경우에는 이러한 터치의 효과를 가장 적극적으로 활용하고 있다고 한다. 때때로 판매자들이 본인이 판매하는 제품에 대한 터치는 그 제품에 대한 자부심이나 평가를 드러내기도 한다. 이러한 일련의 연구 결과를 놓고 볼 때, 여러분들이 이제부터는 무언가를 터치하는 것에 신중해져야 하는 이유를 찾을 수 있지 않을까 싶다.

에듀컨텐츠·휴피아
CH Educontents Huepia

제3부
현상유지 성향과 행동심리

❖ 오류와 실수투성이 인간을 위한 **행동심리학** ❖

인간은 변화를 싫어 한다

 사람들에게는 '지금 이대로' 유지하고 싶어 하는 심리가 있다. 다시 말해 새로운 상황을 맞이하거나 또는 변화를 시도하기보다는 현재 상황을 그대로 유지하고 싶어 하는 심리적 성향을 가지고 있다. 늘 먹던 메뉴, 늘 가던 길, 늘 가는 식당, 늘 쓰던 샴푸, 늘 함께하는 웬수 같은 남편마저도. 여러분은 이러한 사람들의 심리가 합리적이라고 생각하는가? 아마 항상 그렇지는 않을 것이다.
 그렇다면 사람들이 변화를 기피하면서 지금 상황을 그대로 유지하고 싶어하는 이유는 무엇일까? 첫 번째 이유로는 변화에 대한 두려움을 들 수 있다. 사람은 현 상태가 마음에 안 든다고 해도 적어도 그 상태가 어떤지는 알고 있다. 하지만 변화를 시도할 때는 어떤 변화가 생길지는 알 수가 없기 때문에 두려움이 생기게 된다. 두 번째는 '지금도 괜찮아', '지금도 나쁘지 않아'와 같은 현 상태에 대한 만족감을 들 수 있다. 세 번째로는 사람들의 게으름을 들 수도 있을 것이다. 게으름은 비교적 저항이 적고 편한 길이기 때문이다. 이러한 이유 등으로 사람들은 합리적인 선택과 변화에 필요한 노력과 수고를 더하지 않으려는 경향을 가지고 있다. 다른 한편으로 이렇듯 사람들이 현재 상황을 유지하고 싶어 하면서 새로운 변화를 기피하는 배경에는 지금까지와 다른 상황을 선택하는 것에 대한 불안이나 스트레스를 피

제3부. 현상유지 성향과 행동심리

하려는 손실 회피 성향을 들 수도 있다.

현상유지 편향성

사람들에게는 굳이 의미를 따지지 않아도 습관처럼 하는 행동이 있다. 현재 상황에서 벗어나려고 하지 않는 습성, 현재의 상황을 그대로 유지하려는 경향 그리고 변화를 기피하고 가능한 한 게으름을 피우려는 변화 회피 성향을 행동경제학에서는 현상 유지 편향(status quo bias)이라고 한다. 이처럼 사람들은 대체로 새로운 것을 시도하기보다는 기존에 있는 것으로 그대로 받아들이는 것이 더 규범적이라고 생각하는 경향을 가지고 있다.

사람들은 왜 현상 유지에 대한 애착을 가지고 있을까? 이를 다르게 말하면 사람들은 왜 변화에 주저하는가? 변화는 사람에게 성공 혹은 실패를 가져다 주기도 하지만 그 중 어느 쪽을 불러올지는 아무도 모른다. 다만 사람들은 변화를 시도하면 더 나빠질 수도 또는 변화를 시도하고서 후회를 할 것 같다는 생각을 하게 되는 것이다. 사람들은 새로운 변화로 인한 상태가 지금보다 나을 것이라는 이익보다 지금보다 더 나쁠지도 모른다는 손실을 더 크게 받아들이는 경향이 있다. 즉 변화의 이익보다 변화로 인한 손실을 더 크게 인식하는 경향이 강한 것이다. 그래서 사람들은 현재 상황이 특별히 나쁘지 않은 한 본

능적으로 현상 유지를 더 선호하는 경향이 나타난다.

디폴트 효과

현상유지 편향성을 이용한 대표적인 방법 중 하나로 디폴트(Default) 전략이라는 것이 있다. 원래 컴퓨터 구동 시 명령어가 사전적으로 정의되어 있는데, 이처럼 자동으로 선택되는 옵션 기본값을 일반적으로 디폴트 옵션이라고 한다. 사람들은 이러한 기본값인 디폴트 옵션을 잘 바꾸지 않고 계속해서 유지하는 경향이 있다. 마치 컴퓨터나 스마트폰 배경 화면을 처음 그 상태 그대로 사용하는 것과 주거래 은행이 30여 년 동안 바뀌지 않고 계속 유지되는 것과 같이 말이다.

한 연구 결과에 의하면, 호주, 오스트리아, 스웨덴 등 나라의 장기기증률은 약 85%에서 100%에 가깝다고 한다. 반면 독일과 덴마크와 같은 나라의 장기 기증율은 4~12%에 불과하다고 한다. 그러면 이처럼 장기기증률이 국가별로 차이가 많이 나는 이유는 무엇일까? 정답은 바로 장기기증 방법의 디폴트값이 무엇이냐에 따라 달라진다는 것이다. 장기기증률이 높은 국가에서는 디폴트 값이 장기기증을 하는 것으로 정해져 있어서, 기증을 원하지 않는 사람들이 그 뜻을 직접 표시해야 하는 선택적 거부(opt-out) 방식을 사용하고 있다. 반면 장기기증률이 낮은 국가에서는 디폴트 값이 기본적으로 장기기증을 하지 않는 것으로 되어 있어 장기기증을 원하는 사람이 그 의사를 직접 표시해야 하는 선택적 동의(opt-in) 방식을 디폴트로 사용하고 있기 때문이라 한다.

　이처럼 사람들은 한 번 정해진 디폴트값, 바꾸어 말하면 기존에 정해진 선택을 그대로 유지하려는 경향을 가지고 있다. 디폴트 옵션은 사용자가 원하면 언제든지 바꿀 수 있지만 많은 사람들은 처음 상태의 기본값을 그대로 유지하는 경향이 있다. 그렇기 때문에 우리 인생에서도 처음부터 어떤 디폴트 값을 가지고 사는가가 매우 중요한 의미를 가진다고 볼 수 있다. 최근 우리 사회에서 퇴직연금제도의 디폴트 옵션을 변경하는 문제에 대한 논의가 활발히 진행되고 있는 이유도 바로 이와 관련 있다. 금융위원회에 따르면 앞으로 '근로자 퇴직급여 보장법 개정안'에 따라 퇴직연금에 대한 사전지정운영제도(디폴트 옵션)이 도입된다고 한다. 앞으로는 가입자가 퇴직연금에 대한 특별한 운영지시를 하지 않을 경우에는 사전에 선택된 디폴트 옵션에 따라 퇴직연금이 운영된다고 한다. 물론 퇴직연금의 운용 도중 가입자의 의사에 따라 언제든 운용 방법은 바뀔 수 있겠지만, 이제 디폴트 옵션의 의미를 알고 있는 여러분들은 처음 선택한 디폴트 옵션이 퇴직하는 그 순간까지 계속 유지될 가능성이 더 높다는 것을 이해할 수 있을 것이다.

　필자의 인생을 되돌아보니 예전부터 디폴트가 잘 못 설정되어 필자의 삶에 부정적인 영향을 미쳐 온 디폴트를 많이 찾아볼 수 있었다. 반면에 초기에 잘 설정되어 필자의 삶에 긍정적인 영향을 미치는 디폴트들도 조금은 찾아볼 수 있다. 이 책을 읽는 여러분들도 필자처럼 애초에 잘못 설정된 디폴트로 인해 여러분들의 삶에 부정적인 영향을 미치거나 부정적인 결과를 낳게 해준 디폴트 옵션은 무엇이 있는지 한 번 살펴보는 시간을 가져보기를 권한다. 이번 기회에 여러분의 디폴트값을 점검해보고 여러분의 삶을 빛나게 만들어 줄 새롭고 발전적인 디폴트를 설정해보는 시간을 꼭 가져보기 바란다.

다양성의 역설

'인간은 인지적 구두쇠(cognitive miser)이다'라는 말이 있다. 다시 말해 인간은 의외로 생각하는 것을 싫어한다. 사람들은 비교 대상이 너무 많아 혼란스러워 지거나 또는 비교 자체가 복잡할 때는 오히려 현상 유지를 선호하는 경향이 높아진다고 한다. 우리는 흔히 선택의 폭이 넓어지면 사람들이 더 좋은 선택을 할 수 있을 것이라고 생각한다. 하지만 꼭 그렇지만은 않은 것 같다. 사람들은 의외로 복잡한 비교에 익숙하지 않기 때문이다.

여기에 두 개의 판매 진열대가 있다고 가정을 해보자. 한 진열대에는 잼 6종류가 진열되어 있고, 다른 진열대에는 잼 24종류가 진열되

제3부. 현상유지 성향과 행동심리

어 있다. 여러분이라면 어느 진열대로 발걸음을 옮길 것 같은가? 아마도 사람들은 잼 24종류가 있는 진열대를 더 많이 찾았을 가능성이 높다. 하지만 실제 구매는 어느 진열대에서 더 많이 발생했을까? 쉬나 아이엔가와 마크 레버의 실험에 의하면, 실제 방문자 대비 구매는 잼 6종류가 있는 진열대에서는 방문자의 30%가 구매로 이어진 반면 잼 24종류가 있는 진열대에서는 방문자의 3%만이 구매를 한 것으로 나타났다고 한다. 이처럼 사람들은 선택사항이 너무 많아 혼란스러워지게 되면 '결정마비' 현상이 나타나 제품의 비교와 선택을 포기하고 현상 유지를 선택하는 상황이 나타나게 된다고 한다.

  사람들은 오히려 선택의 여지가 많거나 선택이 폭이 넓은 경우에 실패나 후회를 두려워하여 망설임이 생기고 무력감을 느낀다고 한다. 특히 그 선택의 결과가 불확실할 때는 더욱 그렇다고 한다. 소비자들 역시 마찬가지이다. 소비자는 다양한 선택 대안을 준비한 쪽에 훨씬 매력을 느끼는 게 사실이지만 반면에 선택 대안이 너무 많으면 구매 결정을 미루는 경향이 있다. 다양성은 소비자를 매혹시키고 소비자는 기꺼이 거기에 휩쓸린다. 그렇기 때문에 선택의 폭이 넓다는 것이 꼭 부정적인 것이라 할 수는 없다. 그러나 선택의 폭이 넓다는 것이 항상 소비자를 만족시키지는 못한다는 것도 함께 기억할 필요가 있다. 끝없는 선택과 배제라는 과제는 소비자의 짜증을 유발하게 되며 언젠가는 선택 행위 자체가 고통스럽게 느껴질 수도 있다. 왜 그럴까? 오히려 나머지를 포기해야 하기 때문이다. 그리고 포기해야 하는 대상이 더 나은 선택이 될 가능성 또한 높아지기 때문이다. 고로 여러분이 누군가로 하여금 어떤 선택을 하게 하고 싶다면, 너무 많은 대안을 제공하지 않는 것이 중요하다. 사람들은 지금도 충분히 지나친 비교와 선택이라는 지상최대의 미션에 짓눌려 있기 때문이다. 하지만 역설적으로 여러분이 누군가로 하여금 새로운 선택을 포기하고 지금 이대로의 현상 유지를 유도하고 싶다면, 비교를 포기할 만큼 더 많은 선택안을 제시하고 비교를 더 복잡하게 만들어 주는 전략도 생각해 볼 만한 옵션이 될 수 있을 것 같다.

전환비용

지금까지 살펴본 바와 같이 사람들은 모름지기 기존의 선택을 유지하려는 성향을 가지고 있다. 소비자들 역시 한 번 사용한 제품이나 서비스를 계속해서 사용하려는 현상 유지 성향을 가지고 있다. 어떤 경우에는 지금 사용하고 있는 제품이나 서비스의 품질 또는 가격 우위뿐만 아니라 이미 들어간 시간과 비용이 아까워서 기존의 사용하던 제품이나 서비스를 이용하는 경우도 허다하다. 또 어떤 경우에는 그냥 바꾸는 게 귀찮아서 다른 대안을 고려하지 않기도 한다. 이러한 소비자의 현상 유지 성향들은 일정 부분 전환 비용(switching cost)의 영향을 받고 있다고 할 수 있다.

전환 비용이란 소비자가 현재 사용하고 있는 제품 또는 서비스에

제3부. 현상유지 성향과 행동심리

서 다른 제품 또는 서비스로 전환할 때 발생하는 비용을 의미한다. 전환 비용에는 소비자가 지불하는 경제적 비용뿐만 아니라 이 과정에서 소요되는 개인의 희생이나 노력 등과 같은 무형의 비용들도 포함된다. 달리 설명하면, 우리가 새로운 무언가를 시도하거나, 변화를 시도하거나, 기존에 사용하던 제품을 새로운 제품으로 바꾼다는 것은 새로운 금전적 비용이 발생하는 것뿐만 아니라 변화와 교체 과정의 번거로움과 같은 심리적 비용이 발생한다는 의미이다.

예를 들면, 소비자들은 최신 스마트폰을 사용함으로써 얻는 편익과 즐거움이 교체로 인한 번거로움과 적응과 같은 전환 비용보다 커야 스마트폰 변경을 하게 된다는 것이다. 삼성의 안드로이드 스마트폰을 계속 쓰던 사람들이 애플의 아이폰으로 선뜻 바꾸지 못하는 이유는 무엇일까? 저자의 경험에 비추어 보면, 주변 사람들로부터 자주 듣게 되는 아이폰의 편익과 제품 사용의 즐거움보다 새로운 스마트폰 OS 환경에 적응해야 하는 심리적 번거로움이 더 크게 다가오기 때문이라 할 수 있다. 필자의 경우에도 사실은 아이폰으로 바꾸고 나서 아이폰에 적응을 잘못할까 봐 걱정돼서 한편으로는 소유효과에서 살펴봤던 것처럼 갤럭시폰의 효용성을 잃는 것이 두려워서 선뜻 스마트폰을 변경하지 못하고 있다고 한다면 여러분은 납득이 되겠는가?

많은 방송 프로그램에서 '다시 태어나도, 지금 함께 살고 있는 배우자와 다시 살 것인가?'라는 질문을 하곤 한다. 이 경우에 어떤 아내들은 특히 이미 오랫동안 결혼 생활을 유지해 온 아내들이 '그렇다'라고 대답하며 꼭 덧붙이는 말이 있다. "에구, 지금까지 겨우 적응해 왔는데, 새로운 사람과 또 맞추며 사는 게 더 힘들 것 같아요, 그냥 지금 배우자랑 사는 게 더 편할 것 같아요." 이 에피소드는 바로 전환 비용이 사람들의 현상 유지 성향에 얼마나 크게 영향을 미치고 있다는 것을 단적으로 보여주는 대목이라 할 수 있다.

한편 이와 반대로 사람들이 현상 유지에서 벗어나 변화를 꾀하거나 새로운 시도를 유도하게 만들기 위해서는 많은 편익들을 제공하는 것뿐만 아니라 변화로 인한 번거로움과 같은 심리적 비용, 즉 전환 비용을 줄여주기 위한 세심한 접근이 반드시 요구된다. 만약 여러분이 이러한 전환 비용을 감소시켜 주거나 이러한 부분을 잘 이해시킬 수 있다면 사람들은 의외로 새로운 시도나 변화를 편하게 받아들일 수도 있을 것이다. 이처럼 전환 비용이란 개념은 기존 고객의 행동 유지 관점뿐만 아니라 브랜드 전환과 같은 새로운 고객의 유치와 같은 소비자의 행동 변화 관점에서도 시사하는 바가 크다는 점을 꼭 기억하기 바란다.

기회비용

흔히들 모든 선택에는 비용이 들어간다고 한다. 변화나 새로운 시도를 하는데도 전환 비용과 같은 비용이 들어가지만, 반대로 변화를

제3부. 현상유지 성향과 행동심리

꺼리며 현상 유지에 연연하는 태도나 행동에도 사실은 큰 비용이 든다. 우리는 이를 기회비용(opportunity cost)이라고 한다. 기회비용이란 어떤 선택으로 인해 포기하게 된 기회들 중에서 가장 큰 가치를 가지는 것을 말한다. 다르게 표현하면 하지 않았던 일을 만일 했더라면 실제로 얻을 수 있었던 이익 또는 기회는 있었지만 선택에서 배제됨으로서 사라진 이익이라고도 설명 할 수 있다.

물론 둘 다 가질 수는 없지만, 기회비용도 일종의 손실이라 할 수 있다. 그렇기 때문에 현재 상태를 유지하는 것이 항상 최선이라고는 할 수 없는 것이다. 현 상태를 유지하기로 또는 새로운 변화를 위한 도전을 하지 않으면 새로운 비용이 발생하지 않는 것처럼 보이지만, 그 이면에는 새로운 일을 시도했을 때 얻을 수 있었던 이익이 숨어있다고 볼 수 있다. 바로 이것을 기회비용이라고 한다. 물론 새로운 선택으로 인해 현상 유지를 포기함으로써 잃게 되는 손실도 기회비용이라 할 수 있겠다.

2017년 노벨경제학상 수상자인 리처드 세일러 교수는 인간의 심리적 회계장부(mental accounting)에서 종종 외면당하기 십상인 기회비용을 현금 비용과 똑같이 여길 필요가 있다고 주장하기도 하였다. 따지고 보면 기회비용이란 것은 다소 막연하고 추상적인 개념이기도 하다. 그러나 눈에 보이는 회계상의 비용뿐만 아니라 기회비용까지 고려하면 모든 일의 손익 계산은 크게 달라질 수 있다.

앞으로 여러분이 어떤 선택의 상황에 놓이게 될 경우에 또는 무언가를 새롭게 시도하거나 도전하고자 하는 상황에 놓이게 된다면, 최선의 선택을 위해서 무언가를 새롭게 선택함으로서 또는 현 상태를 유지함으로써 여러분이 얻는 이익은 무엇이고, 내가 그 선택을 포기함으로써 사라지는 이익은 무엇인지에 대하여 면밀히 살펴볼 필요가 있다. 물론 기회비용 개념을 이해한다고 해서 여러분의 선택이 더 쉬워지지는 않겠지만 말이다. 그래서 선택은 항상 어렵다고 말하는 것 같다.

일반적으로는 가진 것이 많은 사람들이 그리고 손실회피성이 강한 사람들이 성공을 추구하기보다는 실패를 회피하는데 주력하는 경향이 조금 더 높은 편이다. 그래서 이러한 사람들이 새로운 일을 선택하거나 도전을 추구하기보다는 현상 유지를 선호하는 경향이 더 강하게 나타난다. 하지만 '기회비용'은 우리에게 변화를 꺼리고 현상 유지에 연연하는 데에도 사실 큰 비용이 든다는 사실을 알려주고 있다. 누군가의 말처럼 미래를 예측할 때, 현재 존재하는 자기 내면의 의지만 보는 우를 범하지 않기 위해서는 미래에 존재하게 될 여러 가지 상황을 고려하는 지혜가 여러분에게 필요하다. 그리고 너무 걱정할 필요는 없다. 사람들은 생각보다 변화에 무척이나 잘 적응하는 존재이기도 하니까.

제3부. 현상유지 성향과 행동심리

이래도 후회, 저래도 후회

현상 유지 편향성이 나타나는 원인 중 하나로 후회에 대한 두려움을 들 수 있다. 그러나 아무것도 하지 않으면 나쁜 결과가 생기지 않을 것이라는 생각 또한 환상이다.

예를 들어, 사람들은 세차를 하고 난 후에 후회를 더 많이 할까? 아니면 세차를 하지 않고서 후회를 많이 할까? 필자의 경험에 의하면 어제 세차를 했는데 오늘 비가 내리는 상황에서 후회를 더 많이 했던 것 같다. 그럼 다음의 경우는 어떠할까? 일기예보에 의하면 오늘 오후에 비가 내일 확률이 30%라고 한다. 여러분은 학교나 회사에 갈 때 우산을 가지고 갈 것 같은가? 아니면 우산을 가지고 가지 않을 것 같은가?

또는 우산을 가지고 갔는데 비가 안 올 때 후회를 더 많이 할 것 같은가? 아니면 우산을 안 가지고 갔는데 비가 올 때 후회를 더 많이 할 것 같은가? 이 경우에 여러분은 아마도 우산을 안 가지고 왔는데 비가 올 때 더 큰 후회의 감정을 느끼지 않을까?

살다 보면 이래도 후회하고, 저래도 후회를 하게 되는 것 같다. '행동심리학의 이해'라는 강의를 하던 필자가 한 번은 강의 중에 다음과 같은 질문을 한 적이 있었다. 여러분은 고민 끝에 어떤 주식을 샀는데 며칠 후 그 주식 가격이 급락할 때 느끼는 후회와 어떤 주식을 추천 받았지만 그 주식을 매수하지 않았는데 며칠 후 그 주식 가격이 급등할 때 느끼는 후회 중 어떤 경우에 더 많은 후회의 감정을 느낄 것 같은가? 여러분은 이 두 가지 상황 중에 어떤 경우에 더 후회를 할 것 같은가? 혹시 이런 경험을 가지고 있다면 어떤 경우에 후회를 더 많이 했었던 것 같은가? 학생들의 74%는 후자의 경우와 같이 주식을 사지 않았는데 그 후에 주식이 급등했을 때 더 많은 후회의 감정을 느낄 것 같다고 대답하였다.

  어떤 경우에서든지 선택의 결과가 여러분의 예상 또는 기대와 달리 부정적인 경우에는 이 놈의 후회라는 감정이 크게 찾아드는 법이다. 그래서 인생은 이래도 후회, 저래도 후회라고 하는 것 같다. 2019년 11월경에 한 강의에서 필자는 우리나라의 대표적인 회사 주식을 추천하며, 일 년이라는 시간이 지난 후에 어떤 후회의 감정이 더 크게 다가오는지 꼭 확인해보라는 이야기한 적이 있었다. 여담이지만 이 글을 쓰는 지금과 달리 그 강의실에 있는 학생 중에는 주식 투자를 하는 학생이 한 명도 없었다. 과연 시간이 흐른 후에 그 당시 강의를 듣던 학생들은 어떤 후회의 감정을 더 많이 느꼈을까? 그 당시 추천했던 그 종목이 일 년 이 지난 후에 꽤 많이 상승했었으니까 아마 대부분 학생들은 그때 무언가를 하지 않은 것을 크게 후회했을 것이다.

제3부. 현상유지 성향과 행동심리

행동 후회와 무행동 후회

그 당시 필자의 강의를 들었던 학생들은 무언가를 행동한 것에 대하여 후회를 했을까? 아니면 행동하지 않은 것에 대하여 후회를 했을까? 사람들이 어떤 의사결정 또는 선택을 한 후 느끼게 되는 부정적 결과에 대한 후회는 크게 '행동 후회'와 '무행동 후회' 두 가지로 구분된다. 행동 후회(action regret)는 사람들이 무언가를 했기 때문에 하는 후회를 말한다. 이 후회는 '만일 내가 그것을 하지 않았더라면~'과 같은 형식으로 진행된다. 반면에 무행동 후회(inaction regret)는 사람들이 무언가를 하지 않았기 때문에 하는 후회를 말하며, '만일 내가 그것을 했더라면~'과 같은 형식으로 진행되는 특징을 가진다.

여러분은 사람들이 이 두 가지 후회 중에서 어떤 후회를 더 많이 한다고 생각하는가? 일반적으로 사람들은 행동하지 않았기 때문에 발생한 부정적 결과보다 행동했기 때문에 나타난 결과에 대하여 더 많이 후회를 한다고 한다. 후회 이론에 따르면, 사람들은 어떤 결정이 최상의 결과를 낳을 수 있을 것인가에 대한 즉 예상되는 만족에 대한 고려와 어떠한 결정이 잘못되었을 때 얼마나 후회할 것인가에 대한 예상되는 후회에 대한 고려를 함께 한다고 한다. 이 경우에 대체적으로는 예상되는 후회의 영향력이 예상되는 만족의 영향력보다 훨씬 크다고 한다. 이러한 이유로 결국 사람들은 새로운 시도를 하기보다는 현재의 결정을 유지하려는 성향을 보이게 된다. 그렇다고 더 큰 후회의 감정을 느끼지 않기 위해 우리는 현재의 상태에 머물러 있거나 아무것도 하지 말고 가만히 있어야 하는 걸까?

필자가 사람들에게 어떤 후회를 더 많이 하는 편인가를 물었을 때, 응답자의 74%는 뭔가를 하지 않았던 것에 대한 후회를 더 많이 하는 편이라고 대답하였다. 누군가는 이를 역설적으로 이렇게 말하기도 하였다. '내가 하는 후회는 뭔가를 선택했기 때문에 생기는 후회이다. 한 일에 대한 후회다. 하지 않은 일에 대한 후회는 바보 같은 짓이다.'

"20년 후에는 여러분이 한 일보다 하지 않은 일을 더 크게 후회하게 된다. 그러니 밧줄을 풀고 안전한 항구에서 벗어나 바다를 향해 항해를 떠나라. 돛에 바람을 가득 담아 탐험하고, 꿈꾸며, 발견하라"

지금 당장은 내가 무언가를 한 것에 대한 행동 후회가 더 크게 느껴지는 경우가 많다. 그러나 위의 마크 트웨인의 말처럼 시간이 많이 흐른 후에는 또는 장기적으로 생각하면 무행동 후회, 즉 내가 시도해 보지 않은 어떤 일들에 대해 더 크게 후회를 하는 경우가 더 많은 것 같다. 그렇기 때문에 무언가를 하고 나서 지금 당장은 후회가 되더라도, 여러분은 현재 상태에 안주하지 말고 계속해서 새로운 시도를 하는 편이 나중에는 후회의 감정을 덜 느낄 수 있는 방법이 될 수 있다. 이따금 사람들이 이것을 해야 하는지 하지 말아야 하는지 또는 새로운 도전을 시도하는 게 맞는 건지를 잘 모르겠다며 필자에게 자문을 구하는 경우가 있다. 이때마다 필자는 앞에서와 똑 같은 이야기를 들려주며 이렇게 마무리를 하곤 한다. "해도 후회, 안해도 후회… 이왕이면 해보고 후회하는 편이 더 낫다. 시간이 한 참 흐르고 나서 우리는 지금 해보지 않은 일을 더 크게 후회하는 경향이 있으니까!"라고. 갑자기 고 정주영 회장의 명언이 생각이 난다. "그래, 그래서 해보기는 했고?"

흔히들 행복과 성공 그리고 성취감은 접근성 프레임을 가진 사람들의 몫이라고 한다. 접근성 프레임을 가진 사람들은 안전지대를 벗어나 행군하는 용기있는 행동을 하는 경향이 있기 때문이다. 이들에게 새로운 도전과 변화의 시도로 인한 후회는 시간이 지나면 사라지지만 안주함으로 인한 후회는 시간이 지날수록 더 커진다고 한다. 반면에 행여 망신을 당하거나 자존심이 상할 일이 생기지 않을까 하는 불안감으로 자신을 보호하는 사람들은 주로 회피성 프레임을 가지고 산다고 한다. 이들은 성취나 보상보다 실패 가능성 또는 처벌에 더 주목하는 경향이 있다. 행여 성공을 거두더라도 기뻐하기보다는 안도감부터 경험하는 특징을 가진다고 한다.

여러분은 어떠한가? 여러분에게 세상은 도전의 땅인가? 아니면 어설프게 나섰다가 낭패 보기 십상인 위험한 땅인가? 아인슈타인이 이런 말을 했다고 한다. "실수한 적이 없는 사람은 결코 새로운 일을 시도해 보지 못한 사람이다"라고.

새로운 일의 중요성

　이 세상에는 기쁨과 편안함이라는 두 가지 종류의 긍정적인 경험이 있다고 한다. 사람들은 일반적으로 편안하고 안정적이고 예측 가능한 길을 선택하려는 경향이 있다. 익숙하다는 것은 심리적 안정을 제공한다. 그래서 이러한 사람들은 새로운 시도를 두려워한다. 하지만 우리가 위험을 기피하지 않고 예전과는 다른 길을 가는 데서 기쁨을 더 나아가서는 진정한 발전을 이루어 낼 수 있다고 한다. 바로 새로움이라는 자극과 가치는 인간의 가장 근본적인 만족의 원천이기 때문이다.

　어느 날 가족들과 함께 나들이를 갔다가 주차장에 들어갔는데 아무리 찾아봐도 주차장에 빈자리가 없다고 가정을 해보자. 이런 상황에 처하게 되면 그냥 한곳에 머물며 빈자리가 나기를 마냥 기다려야 할까? 아니면 주변을 계속 천천히 돌면서 빈자리를 찾아 나서야 할까? 아마도 대부분의 사람들은 가만히 서서 빈자리가 나기를 기다리기보다는 모든 감각을 곤두세운 채 빈자리를 찾기 위해 분주히 돌아다닐 것이다. 만약에 필자가 빈자리를 찾아 열심히 돌아다니지 않고, 한곳에 머물며 가만히 빈자리가 나기를 기다리고 있었다면 분명

제3부. 현상유지 성향과 행동심리

함께 타고 있는 가족들이 왜 가만히 서 있기만 하냐고 엄청 잔소리를 해댔을 것 같기도 하다. 마냥 기다리기만 하면 시간은 더디게 흘러가고 우리의 인내심은 곧 한계에 도달한다. 사람들은 운전을 할 때 신호등의 파란불이 켜져 있는 잠시 잠깐을 기다리는 것조차도 무척이나 힘겨워한다.

실제로 사람들은 아무것도 하지 않고 가만히 있으면 바삐 움직일 때보다 훨씬 더 짜증이 나곤 한다. 한편으로 시간을 낭비하고 있는 듯한 생각도 들게 된다. 그리고 이를 지켜보는 사람들 역시 그렇게 시간을 흘려보내는 것을 아주 못마땅하게 여긴다. 여러분들도 부모님 또는 주변 지인들로부터 "왜 넌 방학이라고 아무것도 안 하니? 뭐라도 좀 하지 그래?"라는 식의 잔소리를 들어 본 적이 있을 것이다. 심지어 수능이 끝난 지 얼마 되지도 않았는데, 방학이 시작 된 지 얼마 되지도 않았는데, 성인이 된 지 얼마 되지도 않았는데 말이다. 사실 생각해보면 우리 모두가 아무것도 안 하고 있었던 것은 아니었던 것 같다. 그냥 멍 때리고 있었던 게 아니라 무언가에 대한 생각을 정리하고 있는 중이었고, 적절한 시기를 기다리고 있는 중이었고 또는 잠시 쉬면서 숨을 고르고 있는 것이었을 뿐인데 이를 지켜보던 사람들은 여러분이 그냥 시간을 흘려보내고 있다고 아주 못마땅하게 생각했었던 것 같다.

그렇기 때문에 더욱이 가만히 있는 것보다 여러분이 무언가를 열심히 하고 있다는 것을 사람들에게 보여 주는 것은 매우 중요하다.

❖ 오류와 실수투성이 인간을 위한 **행동심리학** ❖

그래서 필자는 게임을 하거나 넷플릭스를 보다가도 '우리 집 차가 도착했습니다'라는 알람 메시지가 들리는 지금 이 순간에 곧바로 책상에 앉아 이 글을 정말 열심히 쓰고 있다.

'20대는 시속 20km, 30대는 시속 30km, 50대는 시속 50km…' 이 말은 사람들이 나이가 들수록 시간이 더 빨리 흘러가는 것처럼 느끼는 것을 자동차 속도에 빗대어 표현한 것이다. 누구는 1년의 길이는 나이로 나눈 만큼 짧아진다고도 한다. 또 누구는 새로운 자극에 민감한 신경전달물질인 도파민 분비가 감소되기 때문에 나이가 들수록 시간이 빨리 가는 것처럼 느껴지는 것이라고도 한다. 또 누구는 마음의 시간 차이 때문이라고도 한다. 젊을 때는 모든 일이 새롭고, 이런 일들이 강한 인상을 남겨서 기억 속에 깊숙이 자리를 잡는다. 그러나 세월이 흐르면서 새롭게 경험하는 일은 점점 더 줄어드는 법이다. 우리가 나이를 먹어가면서 이미 많은 일을 겪어 왔기 때문이다. 우리가 흔히 하는 말 중에 "뭐 특별히 한 것도 없는데 시간이 이렇게 빨리 지나가 버렸네!"라는 말이 있다. 이 말은 어쩌면 새로운 일이나 인상 깊은 기억들이 별로 없이 가만히 있다가 그냥 시간을 흘려보내 버렸다는 의미가 아닐까? 라는 생각을 해보게 된다. 나이가 들어가면 들어갈수록 시간이 더 빨리 흘러가는 것처럼 느껴지는 것은 어쩌면 나이가 들어가면서 일상생활에 얽매이고 현재 상태에 안주하면서 새로운 일이나 새로운 경험을 시도하지 않기 때문일 수도 있다는 것이다.

제4부
현재 지향 성향과 행동심리

❖ 오류와 실수투성이 인간을 위한 **행동심리학** ❖

'지금 이 순간'의 중요성

"축하합니다. 손님은 저희 베이커리를 1만 번째로 찾아주신 분이십니다. 그래서 오늘은 축하 기념 선물로 생크림 케이크 한 개를 무료로 드리겠습니다. 하지만 만약 내일까지 기다리신다면 생크림 케이크 두 개를 무료로 받으실 수 있습니다. 손님은, 어느 쪽을 선택하시겠습니까?"

여러분이 위와 같은 상황에 놓이게 된다면 어떠한 선택을 할 것 같은가? 오늘 케이크 한 개를 받을 것 같은가? 아니면 내일까지 기다렸다가 케이크 두 개를 받을 것 같은가? 지금까지 이 질문에 대한 사람들의 반응을 살펴본 바에 의하면 내일까지 기다리기보다는 오늘 케이크 한 개를 받겠다는 반응이 다소 더 많았다.

당연히 오늘의 한 개보다 내일의 두 개가 더 합리적이고 이성적인 선택임이 틀림없어 보이는데 사람들은 왜 이런 선택을 하는 것일까? 사람들에게 그 이유를 물어보았더니, 대답도 모두 제각각이었다. "내일 다시 오기 귀찮잖아요!", "케이크 두 개 다 먹으면 느끼해서", 심지어 "제가 케이크를 별로 안 좋아해서"라고 말하는 사람들도 있었다. 여러분이 생각하기에 이러한 사람들의 대답에 조금이라도 합리적 이유가 있다고 생각되는가? 우리 스스로를 경제학에서 가정하는 호모 이코노미쿠스, 즉 합리

제4부. 현재 지향 성향과 행동심리

적인 인간이라고 가정한다면 어떠한 선택을 하는 것이 바람직할 것 같은가?

사람들은 실제로 다소 먼 미래보다 현재, 즉 지금을 가장 중요하게 생각하는 경향이 있다. 심지어 경제학에서도 사람들은 내일보다 오늘 소비하는 것을 더 선호한다고 설명해왔다. 사람들은 미래의 11만 원보다 현재의 10만 원을 더 높게 평가한다. 굳이 현재와 미래를 대입하지 않더라도 사람들은 당장 하루를 기다리지 못하고 오늘의 보상에 보다 집중하는 경향을 가지고 있다. 이러한 근시안적(short-sighted) 행동 경향을 우리는 '현재 지향 편향성'이라고 한다. 하지만 우리는 이와 반대되는 상황도 심심찮게 목격할 수도 있다.

선호의 역전

"손님, 그런데 저희가 또 한 가지 선물을 준비했습니다. 오늘부터 50일 후에 선물로 생크림 케이크 한 개를 무료로 드리든지, 아니면 51일 후에 생크림 케이크 두 개를 무료로 드릴 예정입니다. 손님께서는 어느 쪽을 선택하시겠습니까?"

여러분이 다시 위와 같은 상황에 놓이게 된다면 어떠한 선택을 할 것 같은가? 50일 후에 케이크 한 개를 선택할 것 같은가? 아니면 51일 후에 케이크 두 개를 선택할 것 같은가? 필자의 실험에 의하면, 이러한 질문에 대한 사람들의 반응은 앞서와 달리 51일 후에 케이크 두 개를 선택하겠다고 대답한 사람들이 약 85%로 압도적으로 많았다. 왜 여기서는 50일 후가 아니라 51일 후를 선택한 사람들이 많았을까? 오늘과 내일도 하루 차이이고, 50일과 51일도 하루 차이인 것은 마찬가지인데 말이다. 이처럼 상황에 따라 사람의 선호도가 변하거나 원하는 대상이 바뀌는 현상을 우리는 '선호의 역전(preference reversal)' 현상이라고 한다. 특히 이처럼 시간의 경과에 따라 선호도가 뒤바뀌는 현상을 '선호의 시간적 비정합' 현상이라고 한다.

여러분들도 혹시 무척 기다리고 기대하던 여행이나 모임 약속이 있었는데, 막상 그날이 다가오거나 출발할 때가 다가오게 되면 왠지 내키지가 않거나 가기 싫어져서 핑곗거리를 찾느라 고민에 빠졌던 경험이 한 두 번쯤은 있을 것이다. 그 이유가 바로 여기에 있다.

시간과 할인율의 관계

오늘 10만 원을 받을래? 아니면 1년 후에 11만 원을 받을래? 라는 질문을 받는다면, 여러분은 어떠한 선택을 할 것 같은

제4부. 현재 지향 성향과 행동심리

가? 사람들은 미래보다 오늘을 더 중요하게 생각하는 경향이 있다. 그렇기 때문에 사람들은 오늘 자신을 당장 기쁘고 행복하게 만들어 줄 선택을 할 가능성이 매우 높다. 한편 구매나 선택을 뒤로 미룰 때 사람들은 이자와 같은 보상을 받으려 한다. 이와 반대로 미래의 것을 지금 받으려고 한다면 할인율을 적용하는 것이 합리적이라고 생각하고 있다. 여기서 할인율이라고 하는 것은 어떤 재화에 대한 미래 가치를 현재의 가치로 환산하기 위한 비율을 의미한다.

  전통적인 경제학에서는 이러한 할인율이 시간이 지나도 일정하다고 가정하고 있다. 이를 지수형 할인이라고 부른다. 그러나 행동경제학에서는 이와 다른 견해를 가지고 있다. 사람들이 시간의 짧고 김에 따라 적용하는 할인율이 다르다는 것이다. 행동경제학자인 리차드 세일러 교수는 사람들은 가까운 미래의 보상을 평가할 때는 높은 할인율을 적용하지만, 먼 미래에 대한 보상을 평가할 때는 낮은 할인율을 적용하는 현상을 확인하였다. 이를 행동경제학에서는 '쌍곡형 할인(hyperbolic discounting)'이라 부른다.

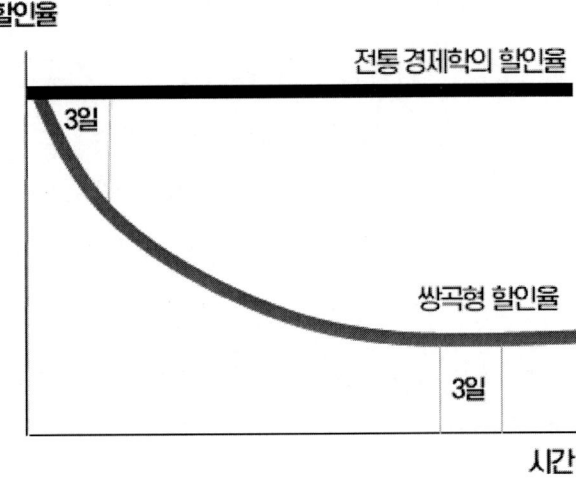

사람들은 오늘과 내일 그리고 모레처럼 곧 다가올 시간의 일에 대해서는 높은 할인율을 적용하는 경향이 있다. 할인율이 높다는 말은 오늘보다 내일 또는 모레의 가치를 크게 낮추어 평가한다는 뜻으로 이로 인해 가까운 시간 범위 안에서는 현재 지향 편향성이 더 강하게 나타난다는 의미로 볼 수 있다. 반면에 사람들은 먼 미래의 일에서는 낮은 할인율을 적용하는 경향이 있다. 그래서 50일 후와 51일 후의 상황에서는 하루 차이가 별로 신경 쓰이지 않는 것이다. 이처럼 시간에 따라 적용되는 할인율이 변화하는 것을 '쌍곡형 할인'이라고 한다. 이를 조금 쉽게 정리하면, 임박한 3일 차이는 신경이 더 많이 쓰이지만 먼 미래의 3일 차이는 비교적 신경이 덜 쓰인다는 의미이다. 이로 인해 임박한 시간의 일에서는 눈앞의 보상을 과대평가하게 되는

제4부. 현재 지향 성향과 행동심리

경향이 나타나게 된다. 또는 역설적으로 나중에 받게 될 보상은 과소평가하는 편향성이 나타나게 된다.

이처럼 곧 다가올 시간 또는 현재 눈앞에 있는 보상에 높은 할인율을 적용하여 과대평가를 하게 되고 반면에 미래에 받을 보상을 과소평가하게 된다면 사람들은 자연스럽게 미래를 위한 보상을 선택하기보다는 현재의 행복과 즐거움을 추구하는 행동을 할 가능성이 높아지게 된다. 당연히 쌍곡형 할인 성향이 높은 사람들은 현재의 만족을 희생시켜가며 미래를 준비하는 소위 '희망고문'을 선호하지 않게 된다고 볼 수 있다.

이를 원근법의 관점에서 설명하자면 사람들이 거리가 멀리 떨어져 있을 때에는 숲 전체를 보게 되지만, 거리가 가까울 때는 바로 앞에 있는 큰 나무에 가려 숲을 보지 못하게 되는 것과 같이 이치라고 할 수 있다. 이와 같은 맥락에서 50일과 51일은 멀리 떨어져 있기 때문에 사람들은 51일 후의 보상을 확실히 인지할 수 있게 된다. 하지만 오늘과 내일은 너무 가까이 있기 때문에 내일의 보상이 오늘의 보상에 가려져 사람들은 내일의 보상을 확실히 인지할 수 없게 된다는 것이다.

사람들은 때때로 '오늘만 먹고, 마시고, 놀고, 쓰고 내일부터는 다이어트하고, 금연하고, 공부하고, 저축하면 되지 뭐'라는 식의 생각을 하곤 한다. 그리고 이러한 생각 이면에는 건강한 몸, 좋은 직장, 자산 형성 등과 같은 나중에 받을 보상을 다소 과소평가하는 경향이 숨어있다. 새해를 맞이하여 큰 마음을 먹고 결심한 금연과 다이어트가 작심삼일에 그치고 마는 사람들의 행동들 역시 사람들이 먼 미래에 일어날 일 보다 현재의 즐거움과 행복과 같은 보상을 더 중요하게 생각하는 쌍곡형 할인의 영향을 받는 현재 지향 편향성의 탓이라고도 할 수 있다.

현재 우리 사회의 기약하기 어려운 불확실한 미래는 사람들을 더욱 현재에 집중하게 만들고 있으며 이로 인해 사람들의 현재 지향 편향성은 더욱 심화되고 있는 상황이라 말할 수 있다. 최근에 우리나라에 널리 퍼지고 있는 '소확행', '욜로', '탕진잼' 등과 같은 소비 트랜드들은 바로 이러한 부분과 깊은 연관이 있다. 특히 '지금 이 순간' 또는 '현재의 행복 또는 현재의 삶에 기쁨을 주는 소비'로 대변되는 욜로(Yolo) 라는 이름의 소비 트랜드는 바로 이 시대를 살아가고 있는 사람들이 가지고 있는 현재 지향 편향성의 단면을 그대로 보여 주고 있는 듯하다. 하지만 '욜로' 소비문화에 대한 잘못된 이해는 미래를 포기한 듯한 충동 소비와 과소비 그리고 탕진잼 등으로 연결되는 쾌락적 소비로 받아들여지며 '욜로 즐기다가 골로 간다'라는 부정적 시각이 대두되기도 하였다. 그러나 '욜로' 소비 트랜드가 갖는 진정한 의미는 현재의 삶에 진정한 행복을 위해 '무엇을 사느냐?'에 놓여져 있는 것이 아니라 '어떻게 사느냐?'에 놓여져 있다는 것을 잘 이해할 필요가 있을 것 같다.

이처럼 먼 곳을 바라보는 사람의 능력은 생각보다 많이 왜곡되어 있으며, 이로 인해 사람들은 미래의 즐거움을 원래보다 더 축소하여 바라보고 있는 것 같다.

먼 미래의 보상보다
당장의 보상이 사람들을 움직인다

사람들은 눈앞의 만족감을 높이는 것을 우선시하는 경향이 있다. 흡연을 하고 있는 사람들에게, 매일 과음을 하고 있는 사람들에게 먼 미래에 암이 걸려 죽을 수 있다는 충고는 쌍곡형 할인에 영향으로 인해 무척이나 현재 지향 편향성이 강한 사람들에게는 더 이상 효과적이지 않다는 것을 이제 여러분도 잘 이해할 수 있을 것이다. 암의 위험성에 대한 경고에도 불구하고 사람들이 계속해서 흡연을 하고 과음을 빠지게 되는 이유도 바로 미래의 보상이나 고통을 과소평가하는 반면 현재 흡연과 음주의 즐거움을 과대평가하고 있기 때문이다. 그렇기 때문에 이들에게 필요한 설득 메시지는 먼 미래에 올지 안 올지 모르는 암에 대한 막연한 경고가 아니라, 오늘 당장 금연과 금주를 하지 않으면 나타나게 될 눈에 보이는 결과나 또는 오늘 당장 금연과 금주를 함으로써 나타나게 긍정적인 결과일 수도 있다.

미국의 아마존닷컴에서는 지금 당장 받을 수 있는 15달러 상품권과 2주 후에 받을 수 있는 20달러 상품권 중에 하나를 선택하는 실험을 진행한 적이 있었다. 여러분이라면 이 상황에서 오늘 받을 수 있는 15달러 상품권을 받을 것인가? 아니면 2주 후까지 기다려서 20달러 상품권을 받을 것 같은가? 현재 지향 편향성과 쌍곡형 할인 이론은 먼 미래의 보상보다 눈앞에 보이는 지금 당장의 보상이 사람들의 마음과 행동을 움직인다는 사실을 여러분에게 명확히 전달해 주고 있다.

시간 해석 이론

시간 해석 이론(temporal construal theory)은 쌍곡형 할인에 기반하여 사람이 어떤 대상의 가치를 평가할 때에 그 대상을 마음속으로 해석하고 그 해석에 따라 평가와 선호가 결정된다고 주장하는 이론이다. 실제로 무언가를 하는 데 있어 주어진 시간이 달리 주어진다면, 사람들의 선택에는 어떠한 차이가 있을까?

여러분이 지금 두 개의 '행동경제학' 과제 중 하나를 선택해야 하는 상황이라고 가정을 해보자. 과제의 제출 기한은 오늘부터 딱 3일이다. 여러분은 다음의 두 가지 과제 중 '어렵지만,

제4부. 현재 지향 성향과 행동심리

흥미로운 주제의 과제'를 선택하겠는가 아니면 '흥미롭지는 않지만, 쉬운 주제의 과제'를 선택하겠는가?

실제로 학생들에게 이 질문을 했을 때, 약 64%의 학생들은 '흥미롭지는 않지만, 쉬운 과제'를 선택하였다. 비교적 적은 3일이라는 기한만 주어졌을 때, 학생들은 비교적 쉽게 수행할 수 있는 주제를 선택하는 경향이 나타났다. 그렇다면 과제의 제출기간을 학기 말까지로 바꾸고 동일한 질문을 한다면 학생들의 선택에 어떠한 변화가 생길 것 같은가? 이 경우에는 실제로 약 58%의 학생들이 앞서와 달리 '어렵지만 흥미로운 주제'의 과제를 선택하겠다고 대답하였다. 왜 과제의 제출기한에 따라 이러한 선택의 변화가 생기는 것일까?

시간 해석 이론에서는 미래라는 시간을 크게 두 가지로 구분하고 있다. 하나는 '근거리 미래(near future)'이고, 다른 하나는 '원거리 미래'이다. 여기서 근거리 미래는 바로 현재와 가까운 미래의 시간 또는 일을 의미하고 있다. 반면에 원거리 미래는 현재의 상황에서 먼 미래의 시간 또는 일을 의미한다. 시간 해석 이론에 의하면, 근거리 미래의 경우에 사람들은 과정 중심(process focus)의 사고의 관점을 가지고 어떠한 일의 실현 가능성(feasibility)을 중요하게 생각한다고 한다. 반면에 원거리 미래의 경우에는 결과 중심(outcome focus)의 사고의 관점을 가지고 어떠한 일의 바람직성(desirability)을 중요하게 생각한다고 한다. 즉 사람들은 근거리 미래와 관련된 상황에서는 그 일이 얼마나 실현 가능한가의 관점을 중심으로 평가를 하고 보다 구체적인 방식으로 접근을 하며 그에 따라 선호가 결정된다는 것이다. 우리가 어떤 물건을 구매할 때, 제품의 가격에 영향을 많이 받는 이유는 무엇일까? 그것은 바로 구매의 실현 가능성과 가장 관련 높은 것이 바로 가격이기 때문이기도 하다. 반면에 원거리 미래와 관련된 상황에서는 그 일이 얼마나 가치가 있고 바람직한가의 관점에서 평가를 하고 보다 추상적인 방식으로 접근을 하며 선호가 결정된다고 한다.

어느 날 중간고사가 임박한 시점에 학생들에게 이렇게 질문을 한 적이 있었다. "여러분은 다가오는 중간고사를 더 잘 볼 것 같나요? 아니면 기말고사를 더 잘 볼 것 같나요?". 학생들은 한 목소리로 "당연히, 기말고사요"라고 답했다. 왜 학생들은 중간고사가 아니라 기말고사라고 대답했을까? 우선적으로 학생들은 중간고사가 임박한 시점에서 자신들이 중간고사를 잘 보는 것이 얼마나 실현 가능한가의 관점에서 평가를 하였을 것이다. 다시 말해 이 학생들은 해당 시점을 기준으로 중간고사를 잘 보는 것이 그리 실현 가능성이 높지 않다고 판단한 것 같다. 그리고 이렇게 판단한 학생들은 다소 먼 미래에 다가올 기말고사에 대해서는 바람직함의 관점에서 미리미리 열심히 잘 준비해야겠다고 생각했을 것이며 그럴 경우에 실제로 기말고사를 잘 볼

제4부. 현재 지향 성향과 행동심리

수 있을 것이라고 판단한 것 같다.

이러한 시간 해석 이론에 따라 사람을 움직이게 하거나 영향을 미치고자 한다면 어떠한 접근이 필요할까? 바로 근거리 미래와 관련된 요청은 그것이 실제로 얼마나 실현 가능한가를 설득 포인트로 활용하는 것이 효과적일 수 있다. 반면에 원거리 미래와 관련된 요청은 그것이 얼마나 바람직한 일인가를 중심으로 설득 메시지를 구성하는 것이 효과적일 수 있다.

먼 미래의 일은 신경이 덜 쓰인다

사람들은 '나중에' 또는 '다음에'라는 말에 생각 외로 너그러워지는 경향이 있다. 우리가 일상생활에서 귀찮은 부탁들을 잘 거절하지 못하는 것은 아마도 부탁받은 일이 지금 당장이 아니라 한참 뒤, 예를 들어 '나중에' 또는 '다음에' 해 달라는 경우가 많기 때문일 수 있다. 누군가가 여러분에게 "나중에 밥 한번 먹자!" 또는 "이번엔 내가 살게, 다음에는 네가 한번 내라!"라고 말한다면, 여러분은 어떻게 대답하겠는가? 대부분의 사람들은 별로 고민도 하지 않고 "그래!"라고 대답할 것이다. 누군가가 호의로 나중에 밥 한번 먹자는데, 이번에 얻어 먹었으니까 다음에는 한 번 사라는데, 과연 누가 싫다고 거절을 할 수 있을까?.

한편으로 이는 여러분의 대답이 그 상황에서 얼마나 바람직한가에 대한 평가와도 관련되어 있다고 볼 수 있다.

이러한 맥락을 바탕으로 다른 사람에게 여러분이 원하는 것을 얻어내기 위해서는 어떠한 메시지를 사용하는 것이 바람직할까? 아마도 '나중에' 또는 '다음에'와 같은 미래형 메시지를 사용하여 요청을 하고 일정 시간이 흐를 때까지 기다리는 방법이 효과적일 수 있다. 인디아나 대학의 스티븐 셔먼 교수는 '나중에'와 같은 미래형 메시지는 수용자의 저항과 반발을 무력화할 수 있다고도 설명한다. 그래서인지 필자의 아들은 뭔가를 부탁할 때마다 꼭 '나중에'라는 말을 덧붙이는 것 같기도 하다.

앞서 쌍곡형 할인에 대한 내용에서도 설명한 바와 같이, 사람들은 시간적으로 가까운 대상에 대해서는 세세한 일에도 마음이 쓰인다. 하지만 시간적으로 대상이 멀리 있으면 사람들은 그다지 신경 쓰지 않는다. 다시 말해, 사람들은 먼 미래의 일에 대해 비교적 낙관적 편향성을 가지고 있다. '나중에'와 같은 미래형 메시지 기법은 바로 이러한 맥락들을 이용하고 있는 것이라 할 수 있다. 여러분이 누군가에게 '먼저 써보시고 다음 달에 또는 나중에 꼭 사주세요 또는 결제 하시면 되요'라는 이야기를 듣게 된다면, 앞으로는 조금 더 신경을 쓰는 편이 좋을 것 같다.

제4부. 현재 지향 성향과 행동심리

고통은 가능한 한 뒤로 미루는 사람들

　사람들은 눈앞에 있는 것부터 가지려는 경향이 있다. 마치 나무에 사과가 매달린 것을 보면 자연스럽게 손을 내밀게 되는 것처럼 말이다. 앞에서 살펴본 바와 같이 사람들은 근시안적 시각을 가지고 있다. 그래서 미래보다 현재의 즐거움을 더 선호하게 된다. 그래서 사람들은 두 가지 선택이 가능한 보상을 앞에 두었을 때, 나중에 받는 보상이 더 큼에도 불구하고 지금 당장 즐길 수 있는 보상을 선택하려고 한다.
　사람들은 현재와 미래를 평가할 때 종종 왜곡된 판단을 한다. 사람들은 현재의 구매가는 높게 평가하며 가격을 깎으려고 애를 많이 쓰지만, 고가의 수입 자동차나 고가의 휴대폰 요금제를 이용하는 즐거움에 뒤따르는 앞으로 발생할 후속 비용에 대해서는 과소평가를 하는 경향이 있다. 그래서인지 사람들은 오늘 또는 지금 당장 해야 할 중요한 일들은 오늘 말고 내일로 그리고 다시 내일 말고 모레로 계속해서 나중으로 미루는 성향을 가지고 있다.
　우리는 눈앞의 만족도를 우선시한다. 어떤 것이 좋게 느껴지면 지금 당장 그것을 소유하고 싶어 하지만, 반대로 어떤 것이 매우 중요한 것이라도 그것이 고통을 주는 것이라면 가급적이면 최대한 뒤로 연기하려고 한다. 우리에게 아무리 많은 준비시간이 주어진다 해도 마감 시한에 가까워져서야 원고를 써 내려가고, 과제를 시작하고, 강의 녹음을 시작하는 것들 또한 이와 관련이 있다. 경제 심리학자 댄 애리엘리 교수의 연구에 의하면, '과제 제출 기간을 정확히 지정해 준 그룹'과 '스스로 과제 제출 기간을 정하게 한 그룹'을 대상으로 오류가 많은 글을 읽고 교정하는 과제를 주었을 때, 스스로 과제 제출 기간을 정하게 그룹이 과제 제출 날짜가 가장 늦었으며 또한 틀린 부분이 가장 많았다고 한다. 심지어 사람들은 내키지 않는 일을 최대한 뒤로 미룰 뿐만 아니라 막상 일을 시작하려고 할 때도 그 순간 눈길을 끄는 부수적인 사항에 시선이 자꾸 분산되는 경우도 많다. 여러분들이 시험공부를 시작해야 할 상황이 되면 방 청소를 하거나 책상 정리 등을 하면서 계속해서 늑장을 부리는 것도 바로 이런 이유가 숨어 있기 때문인 것이다.

즐거움을 가능한 한 뒤로 미룰 수 있다는 것의 의미

그러나 우리가 살아가다 보면 가치 있는 일의 대부분은 고통을 뒤로 미루기보다는 단기적인 고통을 감수할 때 이룰 수 있는 경우가 많다. 달리 말하면 우리가 현재 눈앞에 놓여져 있는

제4부. 현재 지향 성향과 행동심리

즐거움을 잠시 늦추거나 나중으로 미룰 수 있다면, 장기적으로 더 큰 보상을 얻을 수 있는 가능성이 커지게 된다는 의미이기도 하다. 성공한 사람들이 공통적으로 가지고 있는 덕목 중 하나는 '자제력' 또는 '참을성'이라고 한다. 여러분이 잘 알고 있는 '마시멜로 이야기'에서는 홀로 빈방에서 15분 동안 마시멜로 한 개를 먹지 않고 참아낸 어린 아이들이 성인이 된 후에 그렇지 못했던 아이들보다 학업 성적이 더 뛰어났으며, 친구들과의 관계도 더 원만하고, 스트레스를 효과적으로 관리하고 있었다고 말하고 있다.

여러분들이 현재 지향 편향성을 극복하고 현재보다 조금 더 나은 내일을 준비하기 위해서는 현재의 욕망을 자제하고, 현재의 즐거움을 뒤로 미룰 수 있는 만족 지연 능력이 필요하다. 더 나아가 스스로를 잘 다스리기 위한 연습과 노력 역시 필요하다. 이 글을 읽는 여러분들은 부디 인생의 '마시멜로'를 너무 빨리 다 먹어버리지 않기를 바란다.

여러분은 율리시스의 계약(Ulysses contract)이라는 말을 들어본 적이 있는가? 이것은 그리스 신화의 오디세우스와 스타벅스의 로고에 나오는 사이렌(siren)과 관련된 이야기이다. 율리시스는 오디세우스의 라틴어식 이름으로, 그는 트로이 전쟁 승리 후 10년간 방황한 끝에 고향으로 돌아가게 되었다. 그리고 항해 중 반은 사람, 반은 새의 모습을 한 세이렌의 노래를 듣고 싶어 자신의 선원들과 계약을 맺는다. 그것은 세이렌이 있는 곳을 지날 때 자신을 기둥에 묶어서 움직이지 못하게 하라는 것이었다. 그리고 자신을 제외한 모든 선원들은 귀를 막아 노랫소리를 듣지 못하도록 하여 정해진 항로만 따르고, 혹시 자신이 밧줄을 풀어 탈출하려고 하거나 다른 길로 가도록 지시할 경우를 대비하여 옆에서 검을 들고 서 있도록 하였다. 한 마디로 율리시스의 계약은 미래에 합리적이지 못하거나 위험한 선택을 할 경우를 대비하여 현재 시점에서 미래의 자신을 제약하는 조건을 만드는 것을 의미한다. 율리시스의 계약은 미래의 행복을 빌미로 현재의 고통을 요구하는 계약을 의미하기도 한다. 어쩌면 현재 지향 편향성을 극복하기 위해서는 우리들의 현재적 욕망과 즐거움을 자제시키기 위해 스스로를 단단히 묶어줄 돛대가 모두에게 필요할지도 모르겠다.

상승 선호 현상

사람들은 즐거움을 빨리 즐기고 싶어하지만 고통은 최대한 연기하려는 경향을 가지고 있다. 그러나 과연 사람들은 즐거움을 빨리 즐기는 것만을 좋아하는 것일까? 여기서는 사람들이 충분히 즐거움이나 만족을 늦추는 것을 선호하기도 한다는 것에

제4부. 현재 지향 성향과 행동심리

대하여 이야기하려 한다. 참을성이 다소 부족해 보이던 우리들도 때로는 인내력이 강해지기도 한다.

여러분이 저녁 식사 초대권에 당첨되었다고 가정을 해보자. 선택사항은 아래와 같이 두 가지이다. 여러분이라면 다음 중 어떤 저녁식사 초대권 세트를 선택하겠는가?

① 1개월 후의 고급 프랑스 레스토랑 저녁 식사 + 2개월 후의 이류 그리스 레스토랑 저녁 식사 초대권 세트

② 1개월 후의 이류 그리스 레스토랑 저녁 식사 + 2개월 후의 고급 프랑스 레스토랑 저녁 식사 초대권 세트

필자가 학생들을 대상으로 이와 같은 질문을 했을 때, 학생들의 59%는 두 번째 저녁식사 초대권 세트를 선택하는 것으로 나타났다. 각각의 요리를 단 한 번만 먹는다고 한다면, 효용성이 더 높은 고급 프랑스 요리를 선택하는 것이 더 바람직할 것이다. 그러나 두 가지 요리를 연달아 대접받는 상황이라면 여러분의 선택은 조금 달라질 수 있다. 프랑스 요리를 1개월 후에, 그리고 그리스 요리를 2개월 후에 먹는다면 요리에 대한 만족도 준거점은 프랑스 요리에 놓이게 되고, 이 경우에는 나중에 먹는 그리스 요리는 만족도가 다소 떨어질 수 있다고 볼 수 있다. 반면에 그리스 요리를 먼저 먹는다면 요리에 대한 만족도 준거점은 그리스 요리에 놓이게 되고 이럴 경우에 나중에 먹는

프랑스 요리는 만족도가 더 높아질 수 있다고 볼 수 있다. 물론 두 가지 요리를 모두 먹는 것은 마찬가지이지만 두 번째 저녁 식사 초대권 세트를 선택한 학생들은 더 맛있는 요리를 먼저 먹게 되면 손해라고 판단한 것이고 이를 근거로 더 맛있는 프랑스 요리를 먹는 즐거움을 뒤로 미루는 결정을 한 것이라 할 수 있다. 이처럼 사람들은 연속된 상황에서는 무언가의 효용성이 점점 줄어드는 것보다 무언가의 효용성이 뒤로 갈수록 증가하는 것을 더 선호하는 경향이 있다. 이를 상승 선호 현상이라고 한다.

여기에 여러분에게 제안하는 두 가지 연봉 협상안이 있다. 첫 번째 안은 2022년 1억 원, 2023년 7천만 원, 2024년은 5천만 원으로 구성된 제안이며, 두 번째 안은 2022년 5천만 원, 2023년 7천만 원, 2024년은 1억 원으로 구성된 제안이었다. 두 안 모두 총액은 똑같다. 여러분이라면 어떤 안을 선택하겠는가? 아마도 대부분의 사람들은 점점 더 연봉이 상승하는 두 번째 연봉 협상안을 선택하였을 것이다. 그러나 두 가지 안 중에서 첫 번째 안이 더 합리적인 선택이 될 수 있다. 총액이 같다면 당연히 첫해에 1억 원을 먼저 받는 것이 더 유리하다고 볼 수 있다. 이 실험에 참여했던 학생들의 말처럼 중간에 회사를 그만 둘 수도 있는 것이고 아니면 미리 받게 되는 5천만 원을 가지고 저축을 하거나 투자를 할 수도 있기 때문이다. 그럼에도 불구하고 대부분의 사람들은 두 번째 안을 더 선호하는 경향을 보이는 것을 알 수 있었다.

대니얼 카너만 교수는 두 종류의 내시경 검사 실험을 통해 피크 앤드 법칙(peak-end rule)이라는 것을 제안하기도 하였다. 피크 앤드 법칙이란 어떠한 일의 전반적인 평가는 일 전체의 가장 절정(peak)을 이룬 감정과 어떠한 일의 최종 국면(end)에서 느끼는 감정의 평균으로 결정된다는 것을 말한다. 여러분은 가장 좋아하는 반찬을 남겨 놓았다가 마지막에 음미하면서 먹거나 또는 예쁘고 맛있는 디저트로 식사를 마무리했던 경험이 다들 있을 것이다. 이러한 행동들은 식사의 마지막 국면에 식사의 만족감을 극대화시킴으로서 식사 전체의 만족감을 끌어올리기 위한 피크 앤드 법칙의 한 예라고 할 수 있다. 이처럼 사람들은 어떤 일에서든지 내림세보다 오름세를 더 좋아하는 경향을 가지고 있다. 여러분이 잘 아는 '유종의 미'라는 말도 있지 않은가!. 끝이 좋으면 모든 것이 다 좋게 느껴지는 법이다. 그렇기 때문에 사람들은 나중에 또는 먼 미래에 더 큰 보상과 즐거움을 얻기 위해서 현재의 즐거움과 쾌락을 충분히 먼 나중으로 미룰 수도 있으며, 다른 한편으로는 현재의 단기적인 고통을 기꺼이 감수하며 살아가고 있는 것이다.

❖ 오류와 실수투성이 인간을 위한 **행동심리학** ❖

사후 과잉 확신 편향

"내 그럴 줄 알았다. 알았어!" 여러분들도 이런 말을 다 해보거나 들어본 적이 있을 것이다. 그때는 충분히 합리적인 결정이었고, 당연히 해야만 하는 일이었음에도 불구하고 만약 그 일의 결과가 좋지 않다면 우리는 이와 같은 말을 하는 경우가 종종 있다. 이와 같이 이미 일어난 일에 대해 처음부터 일어날 줄 알았다는 듯 자신하는 듯한 표현들 역시 현재 지향 편향성 때문이라고 한다. 사람들은 종종 현재의 결과를 이해하기 위해 과거의 원인을 억지스럽게 해석하려 한다. 현재의 새로운 정보를 토대로 과거를 해석하다 보니 그럴듯하게 맞아떨어지는 경우가 있다. 이처럼 현재(present)라는 프레임으로 과거를 평가하는 경향을 사후 과잉 확신 편향(hindsight bias)이라고 한다. 사후 과잉 확신 편향은 한편으로 선견지명(先見之明)의 반대 의미로 후견지명(後見之明) 효과라고도 불리고 있다. 이와 같이 편향성은 사건이 일어나고서야 결과가 그렇게 될 것임을 알고 있었다고 생각하는 일종의 '기억의 오류'라고 할 수 있다. 과거는 현재 시점에서 볼 때만 질서 정연하고 예측 가능한 것이다. 누군가의 말에 의하면 우리의 뇌는 하루 앞도 결코 예측할 수 없다고 한다.

제4부. 현재 지향 성향과 행동심리

이처럼 여러분이 어떤 일을 이미 알고 있었다고 또는 당연히 알고 있었다는 듯한 말들은 상대방을 주눅 들게 만든다는 사실에 유념할 필요가 있다. 그리고 이런 말들은 상대방에게 여러분이 똑똑하고 현명한 사람으로 여겨지기보다는 자신의 예측력과 기억을 과대평가하며 거들먹거리는 것으로 비쳐질 수 있으니 더욱 유념할 필요가 있다.

한편 "요즘 애들은 참 예의가 없단 말이야!, 나 때는 안 그랬는데 말이야"와 같은 말을 하는 사람들이 속칭 '꼰대'로 취급받는 이유도 회상의 오류와 관련이 있다. 사람들은 과거를 현재의 프레임을 중심으로 평가하는 경향이 있으며, 그 과거에 대한 회상에도 많은 오류가 숨겨져 있다. 사람들은 회상의 오류에서 한 걸음 더 나아가 심지어 과거를 미화하고 실제 그 이상으로 긍정적으로 회상하는 낙관적 견해 편향성을 가지고 있다. 본인에게 불리한 일들은 기억 속에서 점점 희미해지고 현재의 본인에게 유리한 기억은 더욱 더 미화되어 선명히 기억 속에 남게 되는 것이다.

그럼에도 불구하고 어쩌면 이러한 낙관적 견해 편향성은 단점보다 장점이 더 많은 몇 안 되는 사고의 오류 중 하나라고도 볼 수 있다. 이로 인한 기억에 아름답게 만들어진 추억과 그리움은 사람들의 기분을 긍정적으로 만들어 주고 다소 맥빠지고 퍽퍽한 현실을 극복하는데 꽤 힘이 되기도 한다. 가끔은 이러한 회상의 오류를 통해 과거의 나쁜 기억은 모두 지우고 좋은 것만 간직하는 것도 나쁘지만은 않은 것 같다. 그래서 작가 칼릴 지브란은 "추억이란 희망의 길에서 만나는 돌멩이와 같다. 추억이 있기에 길을 걷다가 넘어지면 잠시 쉬어 갈 수 있는 것이다"라고 말하지 않았나 싶다.

제5부
손실회피 성향과 행동심리

❖ 오류와 실수투성이 인간을 위한 **행동심리학** ❖

사람들은 이익보다 손실에 더 민감하다

 어느 날 보험회사에 다니는 친구가 보험을 하나 들어 달라고 부탁을 한다. 여러분이라면 월 납입금이 더 많지만 내가 낸 돈을 만기 후 모두 돌려받을 수 있는 '만기 환급형 보험'과 내가 낸 돈을 만기 후에 돌려받을 수는 없지만 월 납입금이 훨씬 저렴한 '순수 보장형 보험' 중 어떤 보험을 선택할 것 같은가? 아마도 조금 더 많은 사람들이 만기 환급형 보험을 더 선호할 것 같다. 필자의 학생들에게 같은 질문을 한 결과에 의하면, 응답자의 94%가 '만기 환급형 보험'을 더 선호한다는 답변을 들을 수 있었다. 왜 이러한 선택이 나타나는 것일까? '만기 환급형 보험'은 내가 낸 보험료 원금을 만기 후에 모두 돌려받는 것이지만, 순수 보장형 보험은 사고나 병이 걸린 적이 없어 보험 기간 동안 한 번도 보험료를 수령한 적이 없어도 보험 기간이 종료되고 나서 내가 불입한 원금을 한 푼도 돌려받지 못하기 때문에 손해라고 생각하기 때문일 것이다.

 사람들은 이익과 손실 중에 무엇에 더 민감할까? 다르게 말하면 사람들은 이익을 더 좋아할까? 아니면 손실을 더 싫어할까? 결론부터 이야기하면 사람들은 이익도 좋아하지만 손실에 더 민감하며, 손실을 더 싫어한다.

제5부. 손실회피 성향과 행동심리

사람들은 같은 크기의 이익과 손실이라고 해도 이익에서 얻는 기쁨보다 손실에서 느끼는 고통을 더 크게 느끼기 때문에 사람들은 손실을 줄이려는 경향을 가지고 있다. 이를 행동경제학에서는 손실 회피 편향(loss aversion bias)이라고 한다. 더 심하게는 손실 혐오 현상이라고도 부르고 있다. 이익과 손실의 절대치가 같더라도 가치 면에서는 손실의 절대치가 더 크게 느껴진다고 한다. 다르게 말하면, 만원이라는 절대적 가치의 크기는 같더라도 만 원을 번 기쁨과 만 원을 잃은 고통의 심리적 영향은 다르다는 것이다.

이처럼 손실 회피성이 매우 강한 사람은 지갑에서 돈이 없어지는 것을 극도로 싫어한다. 우리가 구두쇠라고 부르는 사람들은 그저 손실 회피성이 강한 사람일 뿐이다. 사람들은 소유하고 있는 물건을 내놓는 것 또한 손실로 생각한다. 이는 소유효과와 관련 있다는 것을 우리는 이미 앞에서 살펴보았다. 심지어 사람들은 잠깐 보관했다가 다시 돌려준 것도 손실로 생각하기까지 한다. 더 나아가 사람들은 현재 지향성의 영향을 받아 먼 미래의 손실보다 지금 당장의 손실을 더 크게 느끼기까지 한다.

대니얼 카너만과 아모스 트버스키의 손실회피에 관한 유명한 실험을 EBS의 인간의 두 얼굴이라는 프로그램에서 재현을 한 적이 있었다. 실험의 내용은 다음과 같은 식으로 진행되었다.

2만 원을 그냥 드리겠습니다.

그리고 저와 게임을 해서 이기면 3만 원을 더 딸 수 있습니다.
여러분이라면 이 게임에 참여하시겠습니까?

이 경우 대부분의 참가자들은 게임에 도전하지 않았다. 필자가 학생들에게 동일한 질문을 했을 때 역시 72%의 학생들은 게임에 참여하지 않고 2만 원만 챙기겠다고 대답하는 것을 확인할 수 있었다. 그런데 상황을 조금 바꿔 봤더니 대부분의 참가자들이 게임에 도전하는 모습을 확인할 수 있었다.

먼저 5만 원을 그냥 드리겠습니다.
근데 다시 3만 원은 저에게 돌려 주시겠습니까?
그리고 나서 이 3만 원까지 따고 싶다면 저와 게임을 해야 합니다.
자, 여러분은 이 게임에 참여하시겠습니까?

필자의 실험에서도 이 경우에는 반대로 75%의 학생들이 3만 원을 되찾기 위해서 승부를 보겠다는 반응을 보이는 것을 확인할 수 있었다. 왜 두 번째 상황에서는 대부분의 참가자들이 게임에 참여를 했다고 생각하는가? 당연히 원래 내 것이 아니었지만, 내 손에 들어왔다가 다시 돌려준 3만 원을 되찾기 위해서이다. "줬다가 다시 뺏는 게 어디 있냐!"라는 말에는 사람들이 잠깐이나마 손에 들어왔다가 다시 돌려준 것도 손실로 생각하는 경향이 있다는 의미가 포함되어있는 것이다.

제5부. 손실회피 성향과 행동심리

전망이론

　프로스펙트 이론(prospect theory)은 행동경제학의 대표 이론 중 하나로 우리말로 전망 이론으로 불리운다. 전망 이론은 한 마디로 불확실한 상황에서 사람들이 어떻게 예측하고 행동하는지를 설명하는 이론으로 사람들이 이익의 차원과 손실의 차원에서 서로 다른 반응을 보인다는 점을 핵심으로 다루고 있다. 이를 한 문장으로 정리하면, 사람들은 같은 규모의 이익과 손실을 비교할 때 사람들은 손실 쪽을 더 크고 중요하게 생각한다는 것이다.

> 여기에 동전을 던져서 앞면이 나오면 상금을 받고 뒷면이 나오면
> 벌금 만 원을 내는 게임이 있다. 단 상금 액수는
> 여러분이 마음대로 정할 수 있다. 확률은 반반이다.
> 여러분은 상금이 얼마 이상이면 이 게임에 도전하겠는가?

　연구 결과에 의하면, 사람들은 동전 던지기 게임에서 이겼을 때 25,000원 정도의 이득이 보장되어야 게임에 참여하겠다는 의향을 보였다고 한다. 다시 말해 2.5배 이하로 딸 수 있는 게임이라고 한다면 비록 게임에서 이길 가능성이 높다 하더라도 만 원을 잃을 수 있다는 손실에 대한 우려 때문에 굳이 게임에

참여하지 않겠다는 생각을 한다는 것이다.

　세상에는 여러 가지 일들이 참 많이 일어난다. 그리고 우리는 그 결과에 대해서 만족감이나 불만족감을 느끼게 된다. 이러한 결과에 대해 우리가 느끼는 만족도나 상실감과 같은 주관적 가치의 크기에 따라 사람들의 선택은 달라지게 된다. 행동경제학의 대표학자인 대니얼 카너만과 아모스 트버스키 교수는 이러한 부분을 '가치함수(Value function)' 그래프를 통해 설명을 하였다. 쉽게 말해, 가치함수는 인간이 지닌 주관적인 만족도의 가치를 수학적으로 표현한 것이라 할 수 있다.

　가치 함수는 인간들이 가지는 손해와 이익 사이에서 흔들리는 마음을 표현하고 있다. 가치 함수에 의하면, 사람들은 이익보다 손실 쪽을 약 2.25배 더 중요하게 받아들인다고 한다. 같은 수준의 손실과 이익이 발생했음에도 가치 변화의 세로축은 손실 쪽의 민감도가 더 크게 나타난다는 것이다. 여러분들도 평소에 마트나 편의점에서 계산을 하려고 기다릴 때면 늘 내 계산대나 내 앞사람의 계산이 유독 오래 걸린다고 느껴본 적이 있을 것이다. 이 역시도 가치 함수로 설명할 수 있다. 손실 영역의 중요도는 이익 영역의 중요도보다 크기 때문에 평소에 1분 빨리 계산대를 통과한 것보다 1분 늦게 지체되는 것이 훨씬 더 스트레스로 느껴지는 것이다.

제5부. 손실회피 성향과 행동심리

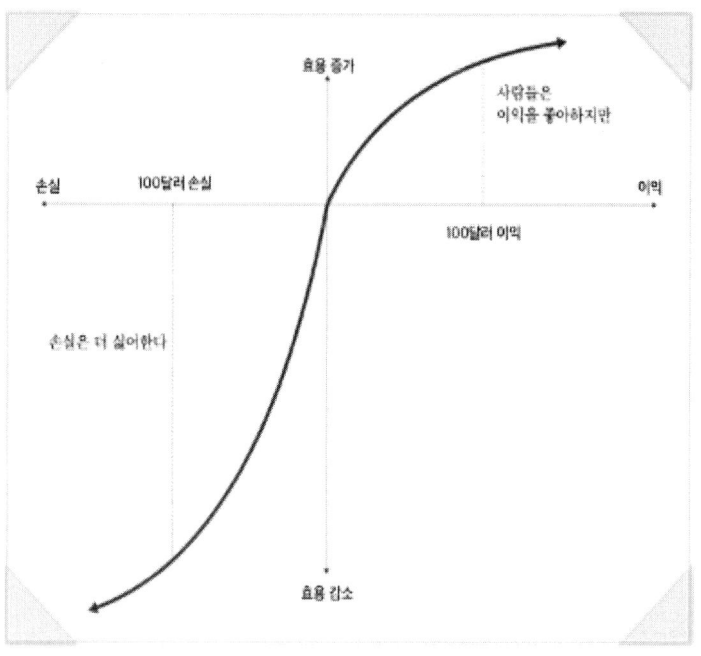

준거점이 중요하다

사람들의 판단은 준거점이 어디로 이동하는가에 따라 이리저리 옮겨 다니게 된다. 이렇게 사람들의 판단이 준거점에 의존하는 현상을 준거 의존성(reference dependency)이라고 한다. 여기서 준거점은 사람들이 느끼는 만족감 또는 가치의 기준을 말한다. 인간의 의사결정은 이 준거점을 벗어날 때 발생하는 가치에 의해 크게 좌우되는 경향이 있다.

준거점의 변화에 따라 사람들의 플러스(+) 또는 마이너스(-)의 가치를 얻게 된다. 효용이나 이익은 플러스(+)의 가치를 생성하게 되고, 손실은 마이너스(-)의 가치를 초래하게 된다. 그러나 준거점은 절대적인 기준은 아니다. 준거점은 인간의 주관적 판단에 따라 자유롭게 바뀌게 된다.

이런 식이다. 박과장과 김차장은 모두 현재 2억 원의 자산을 가지고 있다. 그러나 박과장은 펀드에서 5천만 원의 손실을 보아 2억이 된 것이고, 김차장은 주식투자에서 5천만 원의 수익을 보아 2억 원이 된 것이다. 똑같은 2억 원의 자산을 가진 두 사람의 만족감은 똑같을까? 당연히 그렇지 않을 것임을 여러분은 잘 알고 있을 것이다. 박과장과 김차장의 만족도 준거점은 서로 차이가 있으며, 그로 인해 이 둘의 만족도에도 차이가 있을 수 밖에 없게 된다.

사람들은 언제나 (+) 보다 (-) 가 되는 일에 특별한 감정을 품기 쉽다고 한다. 이처럼 상황의 한쪽 면에만 강한 감정이 생기는 현상을 '일면성의 사건'이라고도 한다. 그래서 싫은 건 더 기억에 잘 남게 된다고 한다. 그렇기 때문에 여러분들은 일상생활에서 (-) 가 나타나지 않도록 준거점을 잘 설정할 줄 알아야 한다. 준거점을 조금만 넉넉하게 잡거나 약간만 옮겨주어도 우리의 조바심은 상당히 누그러질 수 있다. 어쩌면 준거점을 잘 조절하는 일이야말로 우리가 살아가면서 스트레스를 받지 않는 비법이 될 수도 있다. 디즈니랜드에서 사람들이 많이 붐비는 놀이기구를 타기 위해 줄을 서 있다 보면, 중간중간마다 대기 시간을 계속 확인할 수 있도록 곳곳에 타이머를 배치해 놓은 것을 볼 수 있었다. 이 경우에 대기 시간은 실제 대기 시간보다 넉넉히 알려주는 것이 나을까? 아니면 조금 더 짧게 알려주는 편이 나을까? 준거 의존성에 관한 이론에 의하면, 대기 시간의 준거점을 넉넉히 잡아 제시함으로써 '생각보다 오래 기다리지 않아서 다행이다'라고 생각하게 만들어 주는 편이 더 좋다고 볼 수 있다.

작은 것에는 소심하나, 큰 것에는 대범하다

무더운 여름날 마시는 맥주 첫 잔은 정말 시원하고 맛이 끝내준다. 이처럼 첫 잔은 맛있지만 계속해서 마시다 보면 첫 잔의 느낌과 맛은 온데간데없고 그저 술이 술을 마시는 상황이 이어지게 된다. 이러한 현상이 나타나는 이유는 아래의 그래프처럼 맥주 한 잔이라는 변화 분량의 단위 당 맛있다고 느끼는 효용의 민감도가 점차 감소하기 때문이다.

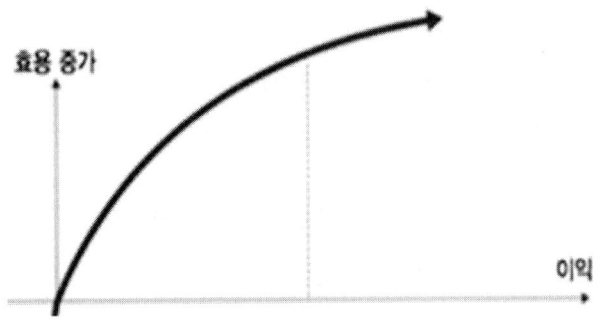

가치 함수의 그래프는 직선으로 움직이는 것이 아니다. 준거점에 가까울수록 이익이나 손실에 대한 가치의 변화 폭은 크게 나타나지만 준거점에서 멀어질수록 효용의 민감도는 점차 감소하는 경향을 보인다. 이처럼 이익과 손실의 가치가 작을 때는 작은 변화에도 민감하게 반응하지만, 가치가 커질수록 민감도가 둔해지는 경향을 민감도 체감성(diminishing sensitivity)이라고 한다. 사람들은 흔히 작은 것에는 매우 예민하거나 소심해지지만, 큰 것에는 의외로 대범하게 일을 저지르고 마는 경향이 있다. 우리가 가까운 친구들에게 밥 한 번 사주는 것은 매우 크게 생각하지만, 비싼 럭셔리 브랜드를 구매할 때는 의외로 눈 깜짝하지 않는 것도 이익이나 손실에 대한 효용성의 민감도가 적은 부분에서는 급격히 증가하는 특징을 보이나 큰 부분에서는 완만히 증가하거나 점차 둔해지는 민감도 체감성과 관련 있다고 볼 수 있다. 사람들은 실제로 300만 원이 넘는 TV를 살 때보

제5부. 손실회피 성향과 행동심리

다 저가의 마우스, 키보드, 책상 스탠드 등을 살 때 만원을 아끼기 위해 더 많은 검색을 하고 비교를 하며 더 많은 시간을 사용하는 것도 이와 관련이 있다고 볼 수 있다.

베르누이는 사람들의 행복 역시 민감도 체감성의 원리와 같이 돈이 많을수록 증가하지만, 그 증가율은 점점 감소한다고 하였다. 이 관점에서 보면, 이익이나 손실의 증가 폭이 중요한 것이 아니라 주관적으로 느끼는 효용 변화 폭이 더 중요하다고 볼 수 있다. 2021년 초, 우리나라의 누구나 알만한 대기업 직업들이 몇 천만 원에 달하는 연말 상여금에 불만을 가지고 회사에 문제 제기를 하고 있다는 뉴스가 나온 적이 있었다. 여러분들 중에 많은 사람들은 억대 연봉자들이 몇 천만 원이 넘는 연말 보너스에 불만을 표출하는 것이 쉽게 납득이 안 되겠지만 이 역시 민감도 체감성과 관련지어 생각해 보면 이해 못 할 것도 아닐 듯하다. 사람들을 만족도에 영향을 미치는 것은 이익의 크기보다 주관적 효용의 증가 폭이며 두 번째는 비교이기 때문일 것이다.

이를 주식 투자자들의 특징과 연관 지어 설명을 해보면 다음과 같다. 여러분이 천만 원을 가지고 처음 주식투자를 하고 나서 첫 달에 100만 원의 수익을 보았다고 가정을 해보자. 이는 수익률로 10%가 된다. 아마 여러분은 엄청 기쁘고 행복할 것이다. 그러나 상승장이 계속되면서 계속 수익이 나고 쌓이게 되면서 이제 여러분에게 100만 원의 수익 또는 10%의 수익률은 어쩌면 그리 커 보이지도 않고 처음 그때처럼 기쁘거나 행복해하지는 않을 것이다. 즉 처음 100만 원의 수익으로 인한 효용성의 증가 크기와 달리 나중의 100만 원 수익으로 인한 효용성의 증가 폭은 크지 않다는 것이다. 그러다 보면 이제 더 이상 100만 원의 수익 또는 10%의 수익은 수익으로도 안 느껴지게 되고 여러분은 더 큰 금액을 투자해 더 큰 수익을 얻으려 하거나, 목표 수익률을 50%~100%로 더 높게 잡게 되면서 단기간에 더 큰 수익이 날 수 있는 대박주, 작전주, 테마주, 가상화폐 등을 찾아다니게 될 수도 있다. 이것이 바로 많은 개미투자자들이 처음에는 주식을 투자로 시작했다가 투기적 성향을 보이게 되고 결국에는 쓸쓸히 모두 잃고 주식시장을 떠나게 되는 과정의 대표적인 예라고 할 수 있다. 이는 정말로 여러분이 정말 조심해야 하는 부분이다. 왜냐하면 손실 영역에서는 그 효용의 변화 폭이 이익에서의 효용의 변화 폭보다 2.25배 더 가파르게 떨어지기 때문이다. 여러분의 투자가 손실 구간으로 들어가게 되면 같은 금액의 이익을 볼 때보다 두 배 이상 더 슬프고 아파진다. 그러나 이 조차도 자꾸 더 큰 금액을 잃게 되면 손실의 크기에 대한 민감도가 둔해지게 되고, '에라 모르겠다' 식으로 비자발적 장기투자자가 되는 이유가 되기도 한다.

제5부. 손실회피 성향과 행동심리

기쁨은 한 번으로 충분하지 않다

여러분은 다음의 두 가지 내기 중 한쪽에 공짜로 도전할 수 있는 기회가 있다. 여러분은 다음 중 어느 쪽의 내기를 선택하겠는가?

① 25%의 확률로 6,000달러에 당첨 기회가 있는 내기

② 25%의 확률로 4,000달러 그리고 25%의 확률로 2,000달러에 당첨 기회가 있는 내기

아마 여러분은 두 번의 당첨 기회가 있는 두 번째 내기를 선택한 사람이 많을 것이다. 필자의 실험에 의하면, 응답자의 68%가 두 번째 내기를 선택한 것으로 나타났다. 이처럼 사람들은 큰 기쁨을 한 번에 얻는 것보다 작은 기쁨을 두 번 맛볼 수 있는 쪽을 더 선호하는 경향이 있다. 정리하면 사람들은 이익이나 기쁨을 나눠서 또는 여러 번 받는 것을 더 좋아한다. 이는 사람들이 이익 차원에서 느끼는 특별한 민감도와 관련이 있다. 예를 들어 직원들에게 보너스를 지급할 경우에도 300만 원을 한 번에 지급하는 것보다 연말 보너스로 150만 원을 주고, 다

시설 연휴 보너스로 150만원을 주는 것이 직원들에게 더 큰 만족을 줄 수 있다는 것이다.

여러분은 '할인(50%)에 할인(10%)을 더+하다'와 같은 광고문구를 자주 본 적이 있을 것이다. 이러한 형식의 판매촉진을 위한 마케팅 전략은 바로 이러한 부분을 이용한 것이다. 예를 들어 제품의 가격을 40% 할인하는 판촉 행사를 진행한다고 했을 때, 그냥 40% 할인이라 제시하기보다는 연말 세일 20% + 멤버쉽 추가 할인 10% + 주말 방문 고객 할인 10%의 형식으로 나누어 또는 여러분 제시하면 고객의 만족도가 더 올라간다는 것이다. 그러나 여기에는 마케터들의 교묘한 함정도 숨어있으니 소비자의 입장에서는 이 함정에 빠지지 않도록 조심해야 할 필요도 있어 보인다. 예를 들어 10만 원짜리 제품에 40% 할인을 받게 되면, 소비자는 60,000원에 제품을 구입하게 된다. 그러나 할인에 할인을 더하는 방식으로 20% + 10% + 10%를 받게 되면 표면적으로 40% 할인을 받는 것처럼 느껴지고 훨씬 더 많은 할인을 받는 것처럼 느껴지지만 실제로 소비자가 지불해야 하는 금액은 64,800원이라는 사실이다. 이 경우에 소비자가 받는 할인은 실제로는 40%가 아니라 약 35%가 되게 된다.

당연한 이야기이지만 사람들은 좋은 일, 기쁜 일, 행복은 자주 경험하기를 원한다. 그래서인지 최근에는 '소확행'이라는 문화가 우리 사회에 널리 확산되고 있기도 한다. 소확행은 소소하지만 확실한 일상의 행복을 추구하는 라이프스타일 및 소비 문화를 말한다. 그리고 그 안에는 소소하지만 확실한 행복감을 매일 매일 느끼고 싶다는 현대인들의 바람이 담겨져 있다. 그래서 사람들은 '행복은 강도가 아니라 빈도가 중요하다'라고 말하는 것 같다. 사람들은 오늘 하루의 특별하고 엄청난 행복도 좋아하지만 매일 매일 계속해서 작은 기쁨과 행복을 느끼고 싶어 한다.

고통은 한 번이면 족하다

여러분에게 다시 다음의 두 가지 내기 중 한쪽에 공짜로 도전할 수 있는 기회가 주어졌다. 여러분은 다음 중 어느 쪽의 내기를 선택하겠는가?

① 25%의 확률로 6,000달러를 손해 볼 수 있는 내기

② 25%의 확률로 4,000달러 그리고 25%의 확률로 2,000달러를 손해 볼 수 있는 내기

아마 여러분은 이번에는 한 번만 손해 볼 수 있는 첫 번째 내기를 선택한 사람이 많았을 것이다. 필자의 실험에 의하면,

앞선 질문에서보다 첫 번째 내기를 선택한 사람의 비율이 12% 정도 증가한 것으로 나타났다.

　사람들은 이익의 차원에서와 달리 고통과 슬픔을 여러 번 경험하는 것보다 한 번만 경험하는 것을 선호하는 경향이 있다고 한다. 정리하면 사람들은 손실이나 슬픔은 합해서 또는 한 번에 받고 마는 것으로 더 선호한다. 이는 차라리 마음이라도 편한 게 더 낫지 않을까 하는 심정과 같은 것 같다. 여러 번에 걸쳐 돈을 손해보기 보다는 한꺼번에 6,000달러를 잃고 마는 게 차라리 마음이라도 편하다는 것이다. 고통을 나누어 여러 번 느낀다는 것은 정말 생각만 해도 끔찍하지 않은가?

　놀이공원에서 자유이용권을 구매하는 것 또한 매번 표를 사러 다니는 고통과 매번 지갑에서 돈이 빠져나가는 손실을 합산함으로써 고통과 손실에 대한 지각을 줄이기 위한 것으로 볼 수 있다고 한다. 이런 관점에서 본다면 어쩌면 부모의 쉴 새 없는 잔소리도, 인생 선배들의 끊임없는 충고들도 마찬가지가 아닌가 싶다. 좋은 말과 칭찬을 한 번으로 충분치 않지만 잔소리와 충고는 한 번이면 족할 것 같다.

제5부. 손실회피 성향과 행동심리

사람들은 확률을 주관적으로 판단한다

사람들은 확률을 객관적이 아니라 주관적으로 판단한다. 사람들은 낮은 확률은 과대평가하고 높은 확률은 과소평가하는 경향이 있다. 조금 어려운 개념이지만, 전망이론에서는 이를 '확률가중 함수'를 통해서 설명을 하고 있다.

사람들은 어떤 일이 일어날 확률이 높은 영역에서는 오히려 어떤 일이 일어날 확률을 더 낮게 바라보는 경향이 있다. 즉 객관적 확률(그림에서 직선)보다 주관적 확률(그림에서 S자 곡선)이 더 과소평가되는 경향이 있다. 예를 들어 객관적인 관점에서 내가 지원한 대학 또는 자격증 시험의 합격 확률이 80%로 예측되더라도, 본인이 느끼는 주관적 확률은 이보다 낮게 인식되어 심리적으로 떨어질 것 같은 불안감을 느끼게 되는 것과 같은 이치이다.

반면에 사람들은 어떤 일이 일어날 확률이 낮은 영역에서는 오히려 어떤 일이 일어날 확률을 더 높게 바라보는 경향이 있다. 즉 이때는 객관적 확률보다 주관적 확률은 더 과대평가되기 쉽다. 예를 들어, 객관적인 관점에서 확률이 매우 낮은 도박, 복권 당첨, 주식 투자와 같은 경우에는 주관적 확률이 더 높게 인식되는 경향이 생기며 이로 인해 사람들이 객관적 확률보다 지나치게 더 높은 당첨 또는 성공을 기대하게 된다고 볼 수 있다.

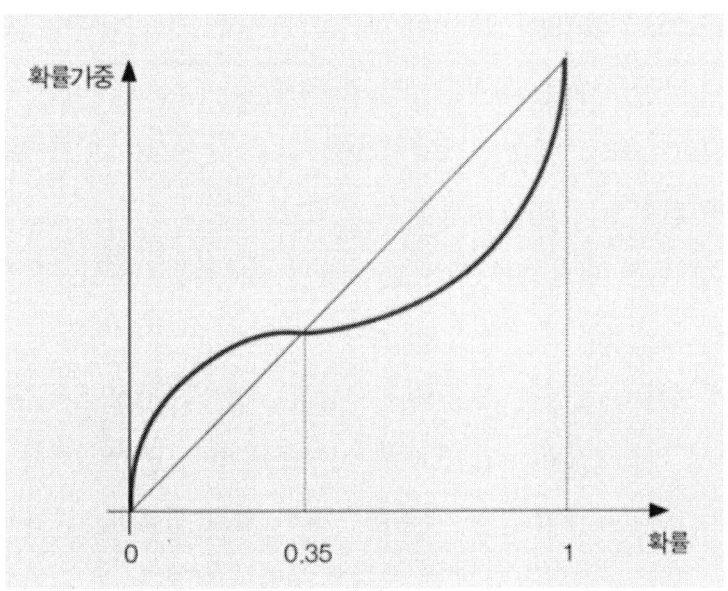

리스크 회피 성향과 리스크 추구 성향

이러한 사람들의 주관적 확률 평가 편향성은 실제 사람들의 위험 행동 결정 성향에 직접적으로 영향을 미친다고 한다. 전망이론에서는 어떤 일이 발생하는 확률에 따라 사람이 위험(risk) 회피 성향을 보이기도 하고, 위험(risk) 추구 성향을 보이기도

제5부. 손실회피 성향과 행동심리

한다고 설명하고 있다.

여러분이 생각하기에 사람들은 확률이 높을 때 위험을 더 추구할 것 같은가? 아니면 확률이 낮을 때 위험을 더 추구할 것 같은가? 일반적으로 우리는 확률이 높을 때 공격적인 성향이 더 높아질 것이라 생각하는 경향이 있다. 그러나 실제로는 정반대의 상황이 펼쳐지고 있다고 할 수 있다.

사람들은 이익을 얻을 수 있는 상황 또는 이길 수 있는 확률이 더 높은 경우에서는 주관적 확률이 과소평가되는 경향으로 인해 오히려 리스크 회피적인 성향을 보인다고 한다. 학생들에게 4,000만 원을 얻을 확률이 80%인 게임과 3,000만 원을 얻을 확률이 100%인 게임 중에 어느 쪽 내기에 도전하겠는가를 물어보았더니 응답자의 81%는 확률이 100%인 게임을 선택하는 것으로 나타났다. 이와 비슷한 실험에서도 확실하게 100불을 얻는 게임에 참여하겠다는 사람들이 70%가 넘었던 반면 50%의 확률로 200불을 얻거나 하나도 얻지 못하는 게임에 참여하겠다는 사람은 30%가 안 된 것으로 나타났다. 여러분이라면 두 게임 중에 어느 게임에 도전할 것 같은가?

반면에 사람들은 손실이 발생할 것 같은 상황 또는 이길 수 있는 확률이 낮은 경우에서는 주관적 확률이 과대평가되는 경향으로 인해 반대로 리스크 지향적인 성향을 보인다고 한다. 학생들에게 4,000만 원을 잃을 확률이 80%인 게임과 3,000만 원을 잃을 확률이 100%인 게임 중에 어느 쪽 내기에 도전하겠는가를 물어보았더니 위와는 반대로 응답자의 76%는 4,000만 원을 잃을 확률이 80%인 게임을 선택하는 것으로 나타났다. 마찬가지로 이와 비슷한 실험에서도 확실하게 100불을 잃는 게임에 참여하겠다는 사람들이 36%에 그친 반면 50%의 확률로 200불을 잃거나 하나도 잃지 않는 게임에 참여하겠다는 사람은 64%로 나타났다. 여러분이라면 두 게임 중에 어느 게임에 도전할 것 같은가?

만일 여러분 주변에 누군가 주식투자로 인해 손실을 보고 있거나 경제적으로 안 좋은 상황에 처한 사람들이 있다면 그들에게 좀 더 관심과 주의를 기울일 필요가 있다. 이제 여러분도 그 이유를 짐작하겠지만, 아무리 정상적인 위험 회피 성향을 가진 사람이라 할지라도 손실이 발생한 상황에서는 위험 추구 성향이 더욱 강해지기 때문에 무모한 시도나 극단적인 선택을 할 가능성이 높아지기 때문이다. 최근에 우리 사회에서 많이 사용되고 있는 신조어들 중에는 이러한 사람들의 위험 추구 성향과 관련 있어 보이는 단어들을 많이 찾아 볼 수 있다. 최근 주택가격 상승으로 인해 등장한 '벼락거지'란 신조어는 내 집 마련이라는 기회비용을 날려 버린 무주택 세대들의 상실감을 극단적으로 보여주는 단어가 아닌가 싶다. 그리고 한편으로는 이들이 느끼는 손실의 심리적 마지노선에서 선택한 위험 추구 행동을 의미하는

제5부. 손실회피 성향과 행동심리

신조어가 이 바로 '영끌'이라는 단어가 아닌가 싶기도 하다.

투자이익과 손실에 대한 불균형적 태도

현재 여러분이 5개의 주식 종목을 보유하고 있다고 가정을 해보자. 그중에서 두 종목은 20%의 수익을 보고 있는 상태이며, 한 종목은 보합, 나머지 두 종목은 반대로 20%의 손실이 난 상태이다. 만약 보유 종목을 줄이겠다고 결정을 한 상황이라고 한다면, 여러분은 이 중에서 어떤 종목을 매도할 것 같은가? 혹시 수익이 나고 있는 종목을 매도하여 이익을 실현하고자 하는 생각을 하지 않았는가?

전망이론에 의하면, 사람들은 가능한 한 빨리 이익을 확보하고 싶어하지만 손실은 회피하려는 경향을 가지고 있다. 이익이 난 경우에 사람들은 발생한 이익에 쉽게 만족하고 더 이상 위험을 감수하고 싶어하지 않는다. 그래서 주가가 상승한 경우에는 이익이 난 지금 시점에 팔아서 수익을 챙겨놓아야지라는 생각을 많이 하게 된다. 다시 말하면 사람들은 불확실한 이익보다 확실한 이익을 선호한다고 말할 수 있다. 이를 확실성 효과라고도 한다. 다른 말로 하면, 손실 회피를 위해 리스크 제로를 원한다는 것이다. 이는 주로 이익 상황에서 주로 해당된다. 고로 사람들은 이익 상황에서는 도박을 부추켜도 잘 응하지 않게 된다.

반면에 손실이 난 경우에 사람들은 위험에 대한 허용치가 커지게 되는 경향이 있다. 예를 들어 주가가 하락하고 있는 경우에 지금 팔면 손해라고 생각하며 조만간에 다시 오를 거라는 희망을 가지며 손절을 하지 못하게 된다. 다시 말하면 사람들은 확실한 손실보다 불확실한 손실을 더 선호한다고 말 할 수 있다. 고로 도박판에서 돈을 잃은 사람은 돈을 빌려서라도 다시 도박판에 빠지게 된다.

이와 같은 사람들의 투자 이익과 손실에 대하여 보이는 불균형적 태도는 처분 효과(disposition effect)라는 개념으로 설명할 수 있다. 처분 효과란 사람들이 이익이 난 주식은 너무 빨리 팔고, 손실이 난 주식은 너무 늦게 파는 투자자들의 성향을 말한다. 버클리대학의 오딘 교수의 연구 결과에 의하면 이익이 난 주식의 평균 보유 기간은 104일이었지만 손실이 발생한 주식의 평균 보유 기간은 124일이었다고 한다. 여기서 이익이 발생한 주식을 빨리 파는 이유는 이익 상황에서는 위험 회피 성향을 보이며 불확실한 이익보다 확실한 이익을 선호하기 때문에 이익을 현실화시키고 싶은 욕구가 더 크게 작용하기 때문이라 할 수 있다. 반면에 손실이 발생한 상황에서는 위험 추구 성향을 보이며 확실한 손실보다 불확실한 손실을 선호하기 때문에 손실을 현실화하고 싶지 않은 욕구가 더 크게 작용하기 때문이라

제5부. 손실회피 성향과 행동심리

할 수 있다.

사람들은 주식에서 10%~20%의 수익이 나면, 빨리 팔아서 이익 실현 즉 이익을 빨리 확정 짓고 싶어 하는 경향이 강하게 나타나 마음이 몹시도 조급해지는 경향이 있다. 반면에 -30%~-50%의 손실이 나게 되면, 오히려 마음이 조급해지기는커녕 더욱 더 손실에 대범해지면서 의도치 않았던 장기투자로 돌입하게 되는 것도 바로 이러한 이유 때문이라고 할 수 있다.

에듀컨텐츠·휴피아
CH Educontents·Huepia

제6부

심리적 회계와 행동심리

매몰비용

　백화점 세일 기간에 꼭 갖고 싶었던 구두를 샀다. 할인을 받았음에도 꽤 비싼 가격이었지만 구매를 강행했다. 새 구두를 신고 출근길을 기분 좋게 나섰는데 퇴근길에 보니 뒤꿈치가 다 까였다. 망치로 뒤꿈치 안쪽도 때려보기도 하고, 꿈치 밴드도 붙여 보며 계속 신고 다니고 있지만 불편한 것은 여전하다. 어떻게 이 예쁘지만 불편한 구두를 포기해야 할까? 아니면 언젠가는 길이 들겠지라고 생각하며 불편함을 견디며 계속 신고 다녀야 할까? 여러분이라면 어떻게 이런 상황에서 어떻게 할 것 같은가?

　모처럼 혼자서 영화를 보러 갔는데 영화가 정말 지루하고 재미없기 짝이 없다. 여러분이라면 도저히 못 보겠다며 중간에 자리를 박차고 나올 것인가 아니면 부족한 잠이라도 극장에서 자면서 본전을 뽑으려 할 것 같은가?

　화창한 가을날 오랜만에 등산을 갔는데 체력이 예전 같지 않음을 느끼게 된다. 어떻게 산의 중턱까지는 올라왔지만 너무 힘들고, 무릎도가니가 으스러질 것만 같다. 너무 힘들어서 다시 하산하고 싶은 마음이 굴뚝같으나 지금까지 올라온 게 너무 억울해서 다시 정상을 바라보고 있다.

제6부. 심리적 회계와 행동심리

다들 이런 경험 한 번쯤은 다 있을 것이다. 지금까지의 이야기들은 모두 매몰 비용에 관한 에피소드들이다. 매몰 비용이란 이미 지출하여 어떠한 의사결정을 해도 다시 회수할 수 없는 비용을 말한다. 사람들은 지금까지 해놓은 것 또는 노력이 아까워서, 지금까지 기다린 것 또는 시간이 아까워서, 또는 지금까지 들어간 돈이 아까워서 기존의 의사결정이나 행동을 계속 유지하려는 경향을 가지고 있다. 이처럼 사람들이 일단 시간, 노력, 돈 등을 투자한 후 과거의 의사결정을 계속 유지하려는 성향을 매몰 비용 효과(Sunk cost effect)라고 한다. 달리 말하면 시간, 노력, 금전 등 회수할 수 없는 비용을 회수하는데 집착하는 심리라고도 말 할 수 있다.

매몰 비용 효과 역시 우리가 손실을 이익보다 더 크게 평가하는 심리와 관련이 있다. 다른 한편으로는 심리적 회계장부에 손실로 기입을 해야 하는 것과도 관련이 있다. 이미 적잖은 돈을 지불했거나 시간과 노력이 투입됐다면 그로 인해 무언가의 취득 효용을 얻어야 하지만, 중도에 포기를 해버리게 되면 취득 효용이 전혀 없어지기 때문에 심리적 회계장부에 손실로 기입을 해야 하기 때문이다.

매몰 비용 효과는 우리의 일상생활에서 자주 사용하는 '포기'라는 단어와 '존버'라는 신조어와도 깊은 관련이 있다. 공무원 준비만 7년째, 이제는 포기를 해야 할까? 아니면 내가 이기나

니가 이기나 끝까지 가봐야 하나? 주식이 반 토막이 났다. 지금이라도 손절하고 매도를 해야 하나? 또 내가 이기나 니가 이기나 끝까지 한 번 가봐야 하나? 지금까지 여러분의 선택은 포기였었나 아니면 끝까지 가보는 것이었나? 사람들은 투자한 돈, 시간, 노력이 아까우면 아까울수록 더 포기를 하지 못한다.

때로는 포기할 줄도 알아야 하는 법

 매몰 비용 효과가 나타나는 또 다른 이유는 자신의 선택이 틀리지 않았었다는 것을 보여 주고 싶은 욕구 때문이기도 하다. 여러분은 콩코드 비행기에 대해서 들어 본 적이 있는가? 콩코드는 필자의 유년기 시절 부루마불 게임판 속에 당당히 세계 최고의 도시들 사이에 한 칸을 차지하고 있었던 세계 최초의 초음속 여객기의 이름이다. 이 여객기는 미국과 소련이 우주 기술을 주도하고 있다면, 우리는 지구상에서 가장 빠른 여객기 기술을 가지고 있다는 자부심으로 만들어진 영국과 프랑스의 합작품으로 어마어마한 천문학적인 개발 비용이 투입된 프로젝트였다. 그러나 콩코드는 기존 여객기 대비 몸체가 좁고 수용인원이 제한적인데 반해 연료 소모량이 많고 탑승 비용 또한 엄청난 고가였다고 한다. 거기에 세계 경제 불황, 오일 쇼크 등을 거치며

제6부. 심리적 회계와 행동심리

실용성과 경제성이 떨어지는 콩코드 여객기는 점점 외면받기 시작했다. 그러나 영국과 프랑스는 양국의 자존심과 스스로 실패를 인정해야 한다는 부담감으로 인해 끝까지 콩코드기를 포기하지 않고 계속된 적자를 감당하며 끌고 오다가 결국 2000년 콩코드기 폭발사고로 탑승자 전원이 사망하자 누적적자를 버티지 못하고 2003년에 결국 이 크고 길었던 최악의 프로젝트는 마무리가 되었다.

그래서 사람들은 지금까지 쏟아부은 막대한 투자가 쓸모없게 된다는 논리로 계획을 중단하지 못하고 더욱 더 큰 적자를 내는 상황을 빗대어 콩코드 오류(concorde fallacy)라고 하는 것이다. 즉 콩코드 오류는 어떤 행동을 선택하여 추진하게 되면 그 결과가 만족스럽지 않더라도 이를 정당화하는 의사결정과정과도 관련이 깊다고 할 수 있다. 우리는 일상생활에서 매몰 비용과 콩코드 오류와 관련된 사례를 수도 없이 만나게 된다. 예를 들어, 여태까지 프로젝트 준비에 쏟아부은 돈과 노력을 생각하면 도저히 이렇게 물러설 수 없다는 사람들, 넷플릭스에서 시리즈물을 중간까지는 봤는데 점점 재미가 없어져도 이것을 끝까지 봐야 할 것인지를 고민하는 사람들, 태풍이 오고 있다는 뉴스가 연일 방송에 나오고 있는데 환불 불가 예약금이 아까워서 지리산 계곡 팬션을 향해 길을 나서는 사람들. 이 사람들이 모두 매몰 비용과 콩코드 오류의 함정에 빠져 허우적거리고 있는 것이다.

 일반적으로 사람은 자신의 결정이 잘못됐다는 점을 인정하고 싶어 하지 않는다. 이미 들어가 버린 매몰 비용을 포기한다는 것은 과거 자신의 선택이 잘못되었다는 것을 인정하는 셈이 되어버리기 때문이다. 우리 격언 중에 '이미 엎질러진 물이다'라는 말이 있다. 이는 지나간 일은 지나간 일일 뿐이다라는 의미이다. 이를 다른 말로 하면 매몰 비용을 무시하라는 충고이기도 하다.

 우리는 과거에 이미 투입된 비용을 더 중요하게 생각해야 할까? 아니면 앞으로 발생할 비용을 더 중요하게 생각해야 할까? 어차피 과거에 집행된 비용을 되찾을 수는 없다. 그렇기 때문에 매몰 비용이 미래의 결정에 영향을 주어서는 안된다고 볼 수 있다. 그러나 현실이 그리 녹녹하지는 않다. 이러한 일이 일상적으로 벌어지는 곳이 바로 우리네 인생살이이다. 현실 세계에서는 경제적으로 합리적인 행동을 하고자 할 때 여러 가지 방해 요소가 생기는 경우가 많다. 때로는 포기할 줄도 알아야 하는 법이다. 때로는 매몰 비용보다 기회비용을 더 중요시할 필요도 있다. 만약 여러분이 이러한 매몰 비용에 파묻혀 헤어나오기가 힘든 상황에 처하게 된다면, 앞으로 여러분이 더 투입해야 할 돈이나 시간 그리고 노력을 다른 곳에 투자하면 어떤 이익이 생길지도 꼼꼼히 따져보기를 권한다. 이때 중요한 것은 과거에 이미 써버려 다시 되찾을 수 없는 지출은 기회비용에 넣지 않는 것이다.

우리 마음 속에도 회계장부가 있다

첫 번째 질문. 가격이 50달러인 콘서트 티켓을 사려고 갔는데 50달러를 잃어버린 사실을 알게 되었다. 비록 50달러를 잃어버리기는 했지만 다시 티켓을 구매할 돈이 있다면 여러분은 콘서트 티켓을 다시 구매할 것 같은가?

두 번째 질문. 전날 50달러를 지불하고 산 콘서트 티켓을 가지고 콘서트장에 갔는데 티켓을 잃어버린 사실을 알게 되었다. 비록 티켓을 잃어버리기는 했지만 다시 티켓을 구매할 돈이 있다면 여러분은 콘서트 티켓을 다시 구매할 것 같은가?

여러분이 생각하기에 사람들은 어떤 상황에서 더 많이 콘서트 티켓을 다시 구매했을 것 같은가? 정답은 첫 번째 질문이다. 실제 실험에 의하면, 첫 번째 상황에서는 88%의 사람들이 티켓을 다시 구매하겠다고 대답하였으나 두 번째 상황에서는 46%의 사람들만이 콘서트 티켓을 구매하겠다고 대답했다고 한다. 이러한 차이가 나타난 이유는 무엇일까?

첫 번째 상황에서 잃어버린 현금 50달러는 사람들의 마음 속 회계장부에서 오락비 계정으로 기입되어 있지 않았지만, 두 번째 상황에서는 콘서트 티켓을 분실한 상황에서 다시 50달러짜리 콘서트 티켓을 구매한다면 그 티켓 가격은 오락비 계정 항목에 포함되어 결국 오락비에 100달러를 지출하는 셈이 되기 때문이다. 따라서 콘서트를 보는데 총 100달러를 지불하는 것은 오락비로서 너무 과하다는 생각에 두 번째 상황에서는 사람들이 티켓 구매를 주저하게 된 것이라 설명할 수 있다.

이처럼 사람들은 마음에 돈을 분류하고 기장하는 심리적 가계부를 가지고 있는데 이를 행동경제학에서는 심리적 회계장부(mental accounting)라고 한다. 우리말로는 심리적 회계, 심적 회계 등으로도 불린다. 심리적 회계의 가장 큰 특징 중 하나는 사람들은 적자로 회계를 마감하지 않으려 한다는 것이다. 그래서 사람들은 지불한 비용만큼 혜택을 얻지 못하는 경우 아직 본전을 못 뽑았다고 몹시 아쉬워하는 것이다.

스마트폰 등과 같이 의도적 진부화가 빨리 진행되는 제품 카테고리에서는 디자인이나 제품의 성능이 업그레이드된 최신 스마트폰이 출시되면 사람들은 이를 몹시도 구매하고 싶어 한다. 그러나 구매한 지도 오래되지 않았을 뿐만 아니라 고장도 나지 않은 상태, 즉 잔존가치가 많이 남아있는 상태에서 신제품을 구매하게 되면 사람들은 심리적 회계를 적자로 마감해야 하는 상황이 발생하기 때문에 심리적 부담감이 생기게 된다.

제6부. 심리적 회계와 행동심리

　이때 이러한 잔존가치에 대한 심리적 회계 문제를 해결해 줄 수 있는 대표적인 방법 중 하나가 바로 소유효과에서도 살펴보았던 보상판매(trade in)라고 할 수 있다. 보상판매는 소비자가 사용하고 있던 기존 제품에 남아있는 잔존가치를 보상해 줌으로써 신규 구매에 대한 심리적 불편함을 완화 시켜줄 뿐 아니라 새로운 제품으로 교체하는 것에 대한 명분을 제공해주는 역할을 담당하게 된다.

　한편 인간의 심리적 회계가 항상 합리적이라고는 말할 수 없을 것 같다. 오히려 비합리적인 경우가 더 많은 것이 사람들의 심리적 회계라고 할 수 있다. 비록 같은 금액이라 하더라도 상황에 따라 비싸게 느끼거나 싸게 느껴지는 경우처럼 사람들의 마음 속 회계 처리는 항상 흔들리고 왔다 갔다 한다. 이렇듯 왔다 갔다 하는 사람들의 비합리적인 심리적 회계가 사람들의 합리적이지 않은 의사결정의 원인이 될 수 있다. 예를 들어 사랑하는 사람을 위해서 돈을 쓸 때는 전혀 돈이 아깝지 않다고 생각하는 것, 사실 형편이 썩 좋지는 않지만 이 정도 차는 타야 되지 않을까라고 생각하는 것, 고생한 나를 위해 이 정도 선물은 사주어도 되지 않을까라고 생각하는 것 등과 같이 사람들의 자신감, 자존심, 애착, 허세, 경쟁심, 질투 등의 다양한 감정들은 무의식적으로 사람들의 심리적 회계에 영향을 미치고 있으며 이로 인해 사람들은 비합리적인 의사결정을 하는 경우가 많이 나타나곤 한다.

꽁돈과 불로소득

　심리적 회계 이론에 따르면, 같은 금액이라 하더라도 상황에 따라서 비싸게 느껴지거나 싸게 느껴지는 경우가 있는 것처럼 열심히 일해서 번 돈과 소위 '꽁돈'이라고 하는 불로소득의 쓰임새 역시 다르다고 한다. 이러한 현상은 같은 금액의 돈이라도 심리적 회계에 분류되는 항목에 따라 그 가치가 높아지기도 하고 낮아지기도 하기 때문이다. 땀 흘려 번 돈과 공짜로 생긴 돈의 쓰임새가 다른 이유가 여기에 있다. 2017년 행동경제학 연구로 노벨 경제학상을 받은 리처드 세일러 교수는 노벨상 상금 약 13억 원을 어떻게 사용할 것인가에 대한 인터뷰 질문에 "지금까지 심리적 회계에 대한 연구를 해 온 학자로써 상금은 가능한 한 연구와 일관되게 비합리적으로 사용하겠다"라고 대답해 큰 웃음을 주기도 하였다. 리처드 세일러 교수는 노벨상 상금을 본인의 심리적 회계장부에 꽁돈 계정으로 기입하여 사용하겠다고 말한 것으로 추측된다. 가끔 누군가 어떤 상과 함께 상금을 함께 받게 되면 주변 사람들이 축하한다는 말과 함께 당연한 듯이 "한턱 쏴야지?"라는 말을 하곤 한다. 이들 역시도 누군가

제6부. 심리적 회계와 행동심리

가 받은 상금을 본인들의 심리적 계정에 '꽁돈'으로 기입을 한 것은 아닐지도 모르겠다. 어쩌면 사람들의 마음속에는 '꽁돈'과 같이 예기치 못하게 들어온 돈 또는 쉽게 번 돈은 한꺼번에 뭉텅이로 써버려도 상관없다는 고정관념이 깊이 자리 잡아 있는 듯하기도 하다. 왜냐하면 사람들은 꽁돈을 다 소비했다 하더라도 원래의 상태로 되돌아 갔을 뿐이라고 생각하게 되기 때문이다.

행동경제학자들은 이에 관해 예기치 못한 수입도 땀 흘려 번 돈이라고 생각하여 심리적 회계장부상에서 불로소득이 아닌 다른 것으로 적어야 한다고 조언을 하기도 한다. 다시 말해 '원래 수중에 없었던 돈'이라는 것을 준거점으로 삼지 말아야 사람들의 손실 회피성이 정상적으로 작동하여 낭비를 억제하게 된다고 설명하고 있다.

그러나 살다 보면 사실상 다른 사람들조차도 다 '꽁돈'이라 생각하게 되는 돈을 마치 내가 열심히 일해서 번 돈처럼 아껴 쓰기도 좀 그런 경우가 많은 것 같다. 왜냐하면 그들이 여러분을 '구두쇠'나 속칭 '쫌생이'로 바라보며 여러분의 이룬 성과와 노력을 폄하할 수도 있기 때문이다. 정말 여러분의 현명한 지혜가 필요한 부분이다.

앞으로 여러분은 부디 다른 사람이 열심히 노력해서 얻은 과실을 꽁돈이나 불로소득쯤으로 가벼이 여기고 이를 공유하는 것이 마땅하다고 여기지 않기를 바란다. 다른 한편으로는 여러분이 정말 열심히 노력해서 얻은 과실이기 때문에 온전히 나 혼자서만 그 과실을 즐기는 것이 마땅하다고 생각하기보다는 주변 사람들과 과실을 함께 나눌 수 있는 미덕도 가끔은 발휘해 보는 것은 어떨까 싶다. 이쯤에서 과연 리처드 세일러 교수는 노벨상 상금을 어떻게 비합리적으로 잘 사용했을지 무척이나 궁금해진다.

금액 규모 효과

한편 꽁돈이나 상금의 크기에 따라서도 심리적 회계에 미치는 영향이 달라진다고 한다. 이처럼 금액이 많고 적음에 따라 사람들의 사용 행태가 달라지는 경향을 금액 규모 효과라고도 한다. 여러분이 5만 원짜리 복권에 당첨되었다고 가정해 보자. 여러분은 이 돈으로 저축을 할 것 같은가? 아니면 한 번에 써 버릴 것 같은가? 아마도 한 번에 그리고 멋지게 써 버리겠다고 생각한 사람이 많을 것이다. 반면에 이번에는 여러분이 복권에 당첨되어 500만 원을 받게 되었다고 가정해 보자. 이번에도 멋지게 써 버릴 것 같은가? 아니면 저축을 해 둘 것 같은가? 아마도 이번에는 저축 쪽으로 마음이 살짝 이동하지 않았을까 싶다.

심리적 회계에 의하면, 일시적인 소액의 수입은 보통예금 계정으로 분류되어 금새 소비로 이어지는 경향이 있는 반면 금액이 크게 되면 정기 예금 계좌로 분류되어 저축으로 이어져 소비의 유혹을 받더라도 이를 억제하는 능력이 더 커지게 된다고 한다. 또한 매월 받는 급여와 같은 경우는 심리적 회계에서 보통예금 계정으로 분류되며 생활비 지출로 사용되는 경향이 있는 반면 연말 보너스와 같은 목돈은 정기예금 계정으로 분류되어 저축으로 입금될 가능성이 더 높다고 한다. 한계 소비라는 개념이 있다. 한계 소비란 새로 늘어난 소득 중에서 소비에 쓰이는 비율을 뜻하는데, 관련 연구에 의하면 월 급여의 한계 소비 성향이 보너스보다 더 높은 것으로 알려져 있다.

다른 한편으로 사람들은 큰 돈보다 작은 돈을 쉽게 쓰는 경향이 있다고 한다. 만 원짜리 5장을 낼 때보다 오만 원짜리 한 장을 낼 때 사람들은 더 인색하게 구는 것과 같은 맥락이다. 이는 사람들이 내야 할 몫을 소액권으로 나누어 지불할 때 화폐 가치가 줄어드는 것처럼 느끼기 때문이다. 이처럼 고액권보다 잔돈을 쉽게 쓰는 인지 편향 현상을 디노미네이션 효과(Denomination effect), 일명 액면가 효과라고도 한다. 일반적으로 고액권을 가진 사람들의 소비 가능성이 더 낮다고 한다. 관련 연구에 의하면, 고액권은 암호 해독이 더 쉬워서 그렇다고 하기도 한다. 또 다른 설명에 의하면 고액권을 낼 때는 거스름

돈에 상관없이 고통이 따르기 때문이라고도 한다.

한편 이러한 점을 염두에 두고 지갑에 고액권만 가지고 다닌다면, 소비와 지출과 관련된 자기 통제에는 일정 부분 도움이 될 것이다. 그러나 스스로 고액권만 지니고 다니는 사람들도 일단 스스로 까다롭게 굴지 않기로 마음먹을 때는 돈을 마구 낭비하게 된다고 하니까 이 점은 유념해야 할 것이다. 앞으로 여러분은 동전이 100개든, 지폐가 한 장이든 상관없이 똑같은 금액으로 간주할 필요가 있다. 액면가 효과로 인한 편향성은 사람들로 하여금 때로는 지나치게 헤퍼지게 만들거나 또는 지나치게 인색하다는 인상을 초래할 수 있기 때문이다.

그렇다면 신용카드만 들고 다니면 되잖아라고 생각하는 사람이 분명히 있을 것이다. 그런데 이게 꼭 그렇지만은 않다. 신용카드는 더 위험하기 때문이다. 신용카드 결제는 마음 속에서 현금 결제와 별개의 회계로 느껴지는 경향이 있다고 한다. 같은 용도에 한 그룹은 현금 결제, 다른 그룹은 신용카드 결제로 입찰을 하게 했을 때 신용카드로 결제하는 그룹은 현금보다 두 배 이상의 가격으로 입찰을 했다고 한다. 이는 카드로 지불하는 돈이 더 낮은 가치로 계산된다는 의미로 해석되는 부분이며 한편으로는 신용카드를 사용하는 사람들이 돈을 더 쓰게 되는 이유를 설명하는 대목이다. 참 이래도 고민, 저래도 고민이다. 그럼 어떻게 하는 게 좋을까? 오늘 당장 외출을 준비하고 있는

제6부. 심리적 회계와 행동심리

여러분의 합리적이고 현명한 선택은 무엇일지 무척이나 궁금해진다.

제7부

휴리스틱과 행동심리

❖ 오류와 실수투성이 인간을 위한 **행동심리학** ❖

휴리스틱

일반적으로 사람들은 의사결정을 할 때 좋은 결과를 내기 위하여 시간과 노력을 들여 준비를 한다. 그렇지만 마지막 순간에는 직감에 맡기거나 논리보다 감정을 중요하게 여기는 경우가 적지 않다. 엄밀히 이야기하면 사람의 감정이 배재된 합리적 사고는 불가능한 것일지 모른다. 이처럼 사람들이 의사결정 시 의존하고 영향을 미치는 어림짐작, 직관적 판단, 경험적 지식과 같은 의사결정의 단순화 전략을 휴리스틱(Heuristic)이라고 한다.

이따금 지나치게 많은 생각을 하게 되면 오히려 손해를 보는 경우가 있다. 때로는 직관적 결정이 더 나은 결과를 가져다주기도 한다. 직관(intuition)은 말로 설명할 수 없는 감각적 경험이다. 그래서 직감이라고도 한다. 직관은 경험에 의존하기 때문에 많은 단련이 필요하다. 이러한 직관은 인간의 의식적인 사고를 능가할 때도 있다. 이러한 생각의 지름길, 휴리스틱은 때때로 우리가 의사결정을 하는데 큰 도움이 되기도 한다.

어떠한 일이 일어날 빈도나 확률을 정확하게 판단하려면 상당한 양의 정보를 수집하여 분석하고 논리적인 추론을 해야 한다. 그러나 상황에 따라서는 시간과 노력이 요구되는 논리적 사고 체계보다 경험에 의존한 직관적인 사고 체계를 이용해 의사

제7부. 휴리스틱과 행동심리

결정을 해야 하는 생각의 지름길을 필요로한다. 이와 같은 의사결정의 단순화 전략이 바로 휴리스틱이라 할 수 있다.

휴리스틱의 핵심은 단순하게 생각하고 더 나아가 신속하게 판단하는 것이다. 아인슈타인은 이러한 휴리스틱에 대하여 불완전하지만 인간의 의사결정에 도움이 되는 방법이라고 말하기도 하였다. 휴리스틱은 선택의 기로에 선 인간이 내리는 비합리적인 결정을 설명하는데 매우 유용하게 사용되는 개념이다. 그러나 휴피스틱은 때때로 매우 심각하고 체계적인 오류를 만들어내기도 한다.

완전한 정보를 모을 수 없을 때 또는 그럴 필요가 없을 때 또는 너무 많은 정보가 쏟아져 들어올 때, 우리는 어쩔 수 없이 무의식중에 휴리스틱에 의지하곤 한다. 휴리스틱을 사용한다는 것은 신속한 의사결정을 할 수 있다는 장점을 가지고 있지만 이것이 항상 바람직한 판단과 선택으로 이어진다는 보장은 없다. 행동경제학에서는 사람들의 비합리적인 의사결정과 이상 현상 그리고 예측 가능한 실수를 설명하기 위하여 휴리스틱이라는 개념을 사용하고 있다.

행동경제학에서는 사람들의 정보처리 과정을 크게 시스템 1과 시스템 2의 두 가지로 구분하고 있다. 휴리스틱은 바로 자동 시스템이라고도 불리우는 시스템 1과 관련이 있다. 이는 순간적이고 본능적인 판단에 해당한다. 이 시스템은 대개 매우 유용하다. 하지만 휴리스틱을 사용하는 자동시스템은 가끔 오류나 사람들의 착각을 일으키기도 한다. 위에서 말하는 예측 가능한 오류나 편향성이 이에 해당한다고 볼 수 있다. 일반적으로 휴리스틱을 통한 자동시스템을 선호하는 사람들은 '너무 많은 생각이 독이 된다'라는 생각을 가지고 있거나 직감을 믿고 밀고 나가는 편이 더 결과가 좋다라고 생각하는 경향이 있다.

장점은 하나만 들어도 충분하다

여러분들은 다른 사람들로부터 여러분의 좋은 점과 싫은 점 중에서 어떤 이야기를 더 많이 듣고 싶어 하는가? 당연히 사람들은 좋은 점을 많이 듣고 싶어 할 것이다. 반면에 싫은 점에 대한 이야기는 듣고 싶어하지 않을 것이다. 그러나 다음의 실험 이야기를 듣고 나면 앞으로 이러한 생각은 바뀌지 않을까 싶다.
한 연구에서 BMW가 좋은 이유를 적어달라는 요청을 하는 실험을 진행하였다. 연구자들은 한 그룹에게는 좋은 이유를 1개만 적어달라고 요청하였으나 다른 한 그룹에게는 좋은 이유를 10개를 적어달라고 요청하였다. 그리고 나서 실험 참가자들에게 BMW 브랜드에 대한 호감도를 조사하였다. 여러분이 생각하기에 어떤 그룹에서 BMW에 대한 선호도가 더 높게 나타났을 것 같은가? 실험 결과에 의하면, 좋은 이유를 1개만 적어달라고 한 집단의 선호도(5.8점)가 좋은 이유를 10개 적어달라고 한 집단의 선호도(4.2점)보다 더 높게 나타났다고 한다. 어떻게 이러한 결과가 나타난 것일까? 설명은 이러하다. 장점을 1개만 적은 피험자들은 자신들이 장점을 적은 확실한 이유를 통해 BMW에 대한 선호도가 더 좋아진 것이다. 반면에 장점을 10개 적어달라고 요청을 받은 그룹의 피험자들은 실제로 3~4개의 좋은 이유만을 찾는데 그쳤고 이 과정을 통해 사람들은 BMW가 좋은 이유가 생각보다 많지 않다고 인식하게 되면서 BMW에 대한 선호도가 낮아지게 된 것이다.

정리해보면 무언가의 장점을 많이 나열해보라고 했더니 오히려 무언가에 대한 인상이 예전만 못해졌다는 것이다. 그렇다면 다시 여러분에게 묻는다. 좋은 점을 많이 이야기해달라고 하는게 좋을까? 아니면 계속해서 물어보지 않는게 더 좋을까? 경우에 따라서는 하나의 장점에만 집중하는게 더 좋을지도 모른다.

사람의 기억 구조는 너무나 복잡해서 뭐라 단정하기 힘들다. 그러나 위의 연구 결과들은 좋은 내용을 많이 전달하는 것보다 하나에 집중해서 전달하고 명확하게 기억시키는게 브랜드 선호도에 더 긍정적인 영향을 미칠 수 있다는 것을 알려주고 있다. 기억에 남기 쉬운 정보는 이용가능성 또한 높아진다. 때로는 기억에 남아있는 사례를 활용할 수 있느냐의 여부가 확률과 빈도에 대한 평가를 결정하기도 한다.

이용가능성 휴리스틱

　때로는 많은 내용보다 회상 용이성이 더 중요해진다. 이처럼 회상 용이성을 중요시 여기는 의사결정 성향을 이용가능성(availability) 휴리스틱이라고 한다. 이를 다르게 말하면 '사람들이 어떠한 사례가 머릿속에 쉽게 떠오르는 정도로 확률이나 빈도를 판단하는 과정 또는 과장하는 편향이라 말할 수 있으며, 때로는 '회상 용이성 편향성'이라고도 한다.
　사람들은 우리들의 생각보다 합리적인 판단을 하지 않는다. 왜냐하면 사람들은 최소의 비용으로 최대의 효과를 거두고 싶어 하기 때문이다. 사람들은 각자 인지적 정보처리 능력에 한계를 가지고 있고, 그렇기 때문에 중요한 한 두 가지 외 대부분의 정보는 기각하는 경우가 많다. 이때 가장 많이 사용하는 의사결정의 지름길이 바로 회상 용이성 휴리스틱이다. 그렇기 때문에 상황에 따라서는 많이 전달해 봐야 소용없다. 기억에 잘 떠오르는 분명하면서도 좋은 것 하나만으로도 충분할 수 있다.
　여러분은 미국에서 벌어진 총기 사망 사건에서 자살과 살인(타살) 중에서 어떤 사망의 비중이 더 높다고 생각하는가? 이러한 질문을 받은 사람들의 대부분은 살인의 비중이 더 높을 것 같다고 대답했다고 한다. 그러나 실제로는 총기로 인한 자살의 비율이 총기로 인한 살인보다 두 배가 더 높다고 한다. 그럼에도 불구하고 응답자들이 총기로 인한 타살의 비중이 더 높다고 생각하게 된 것은 과거에 뉴스나 신문을 통해서 충격적인 총기 사건들을 더 많이 접했었기 때문에 기억에서 더 쉽게 인출되는 살인 총기 사건이 더 선명하게 생각나면서 나타난 오류인 것이다.

사람들은 쉽게 떠오르는 기억의 사건들이 실제 발생 가능성 또한 높을 것이라고 생각하는 경향이 있다. 즉 어떤 경우에는 기억에 남아있는 사례를 활용할 수 있느냐의 여부가 확률과 빈도에 대한 평가를 결정한다는 것이다. 특히 뇌리에 박힌 기억이나 주의를 끄는 사건들은 그 확률과 빈도를 과대평가하는 편향성을 보이기도 한다. 즉 쉽게 기억나고 쉽게 상상할 수 있다면 그것이 그만큼 자주 발생한다고 생각하는 것이다. 그러나 실제로는 자주 일어나서가 아니라 사람들이 잘 기억하고 있고 관심을 끌었기 때문에 쉽게 떠올리는 것이다.

회상 용이성이 중요하다

여러분은 스스로가 집안 정돈에 어느 정도 기여하고 있다고 생각하는가? 아마 여러분은 스스로의 기여도를 실제 이상으로 높게 평가하고 있을지도 모르겠다. 신혼부부를 대상으로 양쪽 배우자 각각에게 집안 정돈에 본인이 기여하고 있는 바가 몇 % 정도되는지를 물어본다고 가정해보자. 여러분이 생각하기에 양쪽 배우자가 직접 평가한 기여도를 합치면 100%보다 높을 것 같은가? 아니면 낮을 것 같은가? 당연히 그 결과는 100%를 훌쩍 넘었다고 한다. 아무리 서로를 너무도 사랑하는 부부 사이라 할지라도 사람들은 자신의 노력과 기여도를 상대방보다 더 선명하게 기억하게 된다. 그리고 이러한 선명한 회상은 집안 정돈의 빈도와 기여도에 대한 판단에 영향을 미치게 된다. 이런 이유들로 인해 사람들은 본인의 공로를 실제보다 더 크게 느끼기도 하고, 때로는 한 두 번 청소를 도운 것 가지고 큰 생색을 내기도 하고, 때로는 상대방이 본인의 기여도를 몰라준다고 서운해 하고 엉뚱한 다툼으로 이어지기도 하는 것이다. 실제로 이는 우리 삶에서 발생하는 많은 오해와 갈등의 원인이 되기도 한다.

우리는 사람들에게 너무 많은 메시지를 전달하려는 경향이 있다. 이는 정보처리를 하는데 최소한의 인지적 자원만을 이용하려는 인지적 구두쇠라 불리우는 인간의 성향을 간과하기 때문에 나타나는 실수이다. 여러분의 입장에서는 좋은 점을 많이 들고 싶고 또 많이 전달하고 싶은 것이 당연하다. 그러나 이용가능성 휴리스틱의 관점에서 보면 많은 내용을 전달하는 것도 중

제7부. 휴리스틱과 행동심리

요하지만, 실제로 당장 떠오르는 한 두가지 기억과 생각이 더 중요하다고 볼 수 있다. 이를 위해서는 메시지의 회상 용이성을 높이고, 강력한 원 투 펀치로 승부수를 던질 필요가 있다. 한편 자신과의 관련성이 높은 경우에는 회상 용이성보다 회상 내용이 더 큰 영향을 미치기도 한다는 것도 알아둘 필요가 있을 것 같다.

단점은 듣기 싫어도 최대한 많이 떠올리게 하라

앞의 연구에서는 BMW가 나쁜 이유를 적어달라는 요청을 하는 실험도 함께 진행하였다. 마찬가지로 한 그룹에게는 나쁜 이유를 1개만 적어달라고 요청하였으나 다른 한 그룹에게는 나쁜 이유를 10개를 적어달라고 요청하였다. 그리고 나서 마찬가지로 BMW 브랜드에 대한 호감도를 조사하였다. 여러분이 생각하기에 어떤 그룹에서 BMW에 대한 선호도가 더 높게 나타났을 것 같은가? 실험 결과에 의하면, 앞선 실험과는 정반대로 나쁜 이유를 10개만 적어달라고 한 집단의 선호도(5.7점)가 나쁜 이유를 1개 적어달라고 한 집단의 선호도(4.5점)보다 더 높게 나타났다. 이러한 결과가 나타난 이유는 무엇일까? 설명은 이러하다. 나쁜 이유를 10개 적어 내라고 지시받은 그룹은 실제 3~4

개의 나쁜 이유만을 찾는데 그쳤고, 이로 인해 나쁜 이유가 그리 많지 않다고 인식하게 되면서 그 결과로 BMW에 대한 선호도를 높게 평가하게 된 것이다. 즉 부정적 속성에 대한 회상의 어려움이 그 정도로 크게 나쁘지 않다는 평가로 이어진 것이라 볼 수 있다.

이와 비슷한 실험에서는 여러분이 얼마나 단호한 사람인가?와 관련하여 자신이 단호하게 행동했던 사례들를 나열해보라고 요청했다. 여기서는 6가지를 나열하게 한 그룹과 12가지 사례를 나열하게 한 그룹을 비교하여 살펴보았는데, 실험 결과에 의하면 12가지 사례를 나열하게 한 피험자들이 자신의 단호함을 더 낮게 평가한 것으로 나타났다고 한다.

정리해보면 무언가의 단점을 많이 떠올리라고 했더니, 오히려 무언가에 대한 인상은 의외로 좋아졌다는 것이다. 그렇다면 다시 여러분에게 묻는다. 정말 진심으로 내가 싫은 이유를 직접 듣고 싶지는 않지만 그럼에도 불구하고 단점을 많이 물어보는 편이 나을까? 아니면 계속해서 물어보지 않는 편이 나을까? 이 경우에는 사람들로 하여금 더 이상 단점이 떠오르지 않을 때까지 또는 더 이상 고객의 불만 사항이 떠오르지 않을 때까지 물어보고 또 물어보는 자세를 갖는 것이 더 나을지도 모른다. 때때로 사람들이 불만이나 불평을 다 토해내고 나면 화난 감정이 누그러지기도 하는 것과 유사한 것이다.

제7부. 휴리스틱과 행동심리

과연 사람들은 하나를 보고 열을 알 수 있을까?

여기에 고위 공직자에 출마한 후보자들의 프로필이 있다. 여러분은 다음 중 어떤 후보를 선택할 것 같은가?

A 후보 : 젊어서부터 술, 담배, 마약을 했던 불량소년이었다. 숨겨둔 여자와 자식이 있었다. 나중에는 다리가 불편해서 휠체어에 의존해야 했다.

B 후보 : 어려서 말썽꾸러기이었고 낙제생이었으며, 사관학교도 3수 만에 들어갔다. 줄담배를 피우고 술고래였으며, 괴팍한 성격이어서 사람들이 가까이하기를 꺼렸다.

C 후보 : 독실한 신자였고 금욕주의자, 채식주의자였다. 술과 담배는 입에도 대지 않으며 애국심이 강해서 전쟁에 나가 훈장을 받기도 했다.

여러분은 이 세 명의 후보 중에서 어떤 인물을 선택하였을까? 실제로 학생들에게 질문을 해 보면 압도적으로 C 후보자를 선택하는 것을 확인할 수 있었다. 이후에 이 후보자들이 누구인지를 공개하면 학생들은 잠시나마 충격에 휩싸인 듯 자신의 입을 틀어막는 모습도 자주 볼 수 있었다. A 후보는 미국의 프랭클린 루즈벨트 대통령, B 후보는 영국의 윈스턴 처칠 수상, C 후보는 독일의 아돌프 히틀러였기 때문이다. 이 설문 이야기는 '린다의 직업은 무엇일까'라는 실험 이야기와 더불어 대표성 휴리스틱을 설명할 때 자주 등장하는 사례 중 하나이다.

이처럼 사람들은 한두 가지 사실만으로 전체를 인식하는 오류를 범하는 경우가 많다. 우리 격언 중에 '하나를 보면 열을 안다', '될성부른 나무는 떡잎부터 알아본다'는 말이 있다. 이 말은 사람들이 어떤 대상을 평가할 때 논리적이기보다는 직관적인 느낌에 의존하거나 과거의 경험에 비추어 대표적인 한두 가지 특징을 가지고 전체를 판단한다는 의미로 쓰인다. 사실 우리는 모두가 다 이렇게 살아가고 있는지도 모르겠다.

사람들은 가능한 한 손쉽게 결론을 내리려는 속성을 가지고 있다. 이는 정확성보다 신속성이 우선한다는 말이기도 하다. 휴먼 인덱스와 같이 대표적인 하나의 현상만으로도 충분히 상황을 판단하거나 예측할 수 있는 경우에는 계량적인 분석을 능가하는 효력을 발휘할 때도 있다. 그러다 보니 사람들은 한두 가지 사실만으로 전체를 인식하는 오류를 범하는 경우 역시 많아지게 된다.

대표성 휴리스틱

사람들이 어떤 대상을 평가할 때, 한두 가지 속성을 기준으로 전체를 판단하거나 앞으로 발생할 사건의 확률을 과거의 경험에

제7부. 휴리스틱과 행동심리

기초해 판단하는 경향을 대표성 휴리스틱이라고 한다. 이는 어떤 현상에 생기는 대표적인 특성 또는 고정관념을 판단의 근거로 삼는 단축 사고법 휴리스틱이라 할 수 있다. 사람들은 어떤 사건이 전체를 대표한다고 판단되는 경우에 이를 통해 빈도와 확률을 판단하는 경향이 있다. 다음은 '도박사의 오류'라는 개념에 관한 대표적인 사례이다.

지금 여러분은 1913년 모나코의 한 카지노에 시간 여행을 와 있다. 많은 사람들이 한 룰렛 게임장에 모여 있다. 룰렛 게임은 빨간색, 검은색에 칩을 걸고 본인이 건 색깔이 나오면 그만큼 보상을 받는 게임이다. 그런데 아주 흥미로운 상황이 벌어졌다. 20번 연속으로 검은색만 계속 나오는 상황이 일어난 것이다. 여러분도 이 게임에 빠질 수 없지 않은가? 여러분이라면 빨간색에 걸겠는가? 검은색에 걸겠는가?

이 질문을 받았던 대부분의 학생들은 그 당시 카지노에서 이 상황을 지켜보고 있던 사람들과 똑같이 빨간색에 배팅을 하겠다고 대답하였다. 왜 대부분의 사람들은 이 순간 빨간색을 더 많이 선택한 것일까? 추측건데 20번이나 연속으로 검은색이 나왔으니까 이제는 확률상 빨간색이 나올 차례가 됐다고 확신했기 때문일 것이다. 그러나 실제로는 26회까지 계속해서 검은색이 계속해서 나왔으며, 27번째 차례가 되서야 드디어 빨간색이 나왔다고 한다.

예를 들어 동전 던지기를 하는데 5번 연속 앞면이 나왔다고 해보자. 여러분은 다음번에 어느 면이 나올 확률이 더 높다고 생각되는가? 만일 뒷면이 나올 확률이 더 높을 거라는 판단했다면, 앞면과 뒷면이 섞여서 나와야 한다는 일반적인 믿음을 과대평가했기 때문일 것이다. 동전 던지기의 확률은 항상 50:50이기 때문이다. 이와 같이 딸 부잣집에서 이번에는 아들이 나올 차례라고 이야기하는 것, 야구에서 이제 안타가 한 번 나올 때가 됐다라고 생각하는 것, 심지어 도박에서 그동안 계속 잃었으니 이제 한 번쯤은 딸 때가 됐다고 생각하는 것과 같은 생각들은 모두 '도박사의 오류' 현상과 관련이 있다고 할 수 있다. 이처럼 특정한 일이 일어날 확률을 자신의 주관이나 감각에 따라 멋대로 높게 잡는 현상을 도박사의 오류(Gambler's fallacy)라고 한다. 특정 현상에 도출된 확률이라고 하는 것은 이미 정해져 있음에도 불구하고 사람들은 때때로 더 높은 확률을 기대하곤 한다. 예를 들면 '9일 연속 주식이 떨어졌으니까 이제는 반등을 나올 때가 됐다'라고 생각하는 식이다. 아마도 주식투자를 하는 사람들은 이런 생각을 자주 아니 매일 하며 살고 있을지도 모르겠다. 특별히 '도박사의 오류' 현상은 연속적인 사건이 반드시 끝날 것이라고 생각하는 경향과 깊은 관련이 있다.

반면에 도박사의 오류의 반대급부에 서 있는 '뜨거운 손의 오류'라는 개념에서는 모든 것이 지금까지와 같이 계속해서 이어

제7부. 휴리스틱과 행동심리

질 것으로 생각하는 확률적 오류와 관련이 깊다. 이는 우연한 결과를 접하고 나서 추후에도 그것에 의미를 부여하며 기대를 하게 되는 것을 말한다. 이제까지 좋은 성적을 낸 선수가 이후에도 계속해서 좋은 성적을 낼 것이라는 믿음을 가지는 것, 주식을 시작해서 첫해에 큰 수익을 냈는데 앞으로도 계속해서 더 큰 수익을 낼 수 있을 것이라 생각하는 것들 역시 뜨거운 손의 오류 현상과 관련된다. 그러나 이들의 성공은 그저 우연일 수도 있다는 것이다. 아직 그들이 뜨거운 손의 소유자라고 말하는 것은 너무 섣부른 판단이라 할 수 있다.

인간의 뇌는 순수한 우연에 제대로 대처하지를 못한다고 한다. 이는 인간 사고의 근본적인 문제 중 하나이다. 사람들은 표준을 찾으려는 경향이 있다. 사람들은 우연한 룰렛의 숫자에도 인과관계를 부여하기도 한다. 그리고 이성적으로 접근한 답시고 우연한 상황을 어떤 표준에 따라 해석하기도 한다. 여러분은 부디 우연한 사건에 큰 의미를 부여하지 않기를 바란다. 우연한 사건은 합리적인 판단을 위한 최선의 근거가 되지 못한다는 사실을 꼭 기억하기 바란다.

소수의 법칙이라는 이름의 편향성

우리는 일상생활에서 특정한 소수의 집단이 갖고 있는 의견에 근거해 판단을 내리는 경우가 흔히 있다. 예를 들어 사람들이 특정 제품을 평가할 때도 많은 사람들의 이야기보다 몇몇 인플루언서나 맨 앞에 올라와 있는 사용 후기에 더 높은 신뢰를 보내는 것을 볼 수 있다. 이는 소규모 표본으로부터 얻은 정보가 모집단을 대표할 수 있다고 생각하는 것과 같은 맥락이라 할 수 있다. 몇몇 친구들이 특정 레스토랑의 음식이 형편없다고 이야기하면, 실제로 다른 소비자들이 그렇게 생각하지 않더라도 그 정보를 사실처럼 받아들이는 것이 그 예이다. 이는 작은 표본의 결과는 그리 믿을만하지 않다는 사실을 무시해버리기 때문에 나타나는 편향성이라 할 수 있다. 우리는 이러한 경향을 소수의 법칙(Law of small numbers)의 편향성이라고 한다. 다시 말해 이는 사람들이 표본의 크기가 작더라도 모집단의 특성을 대표할 수 있다고 여기는 것을 말한다. 소수의 법칙 편향성은 불충분한 표본으로 잘못 만들어진 확률값으로 인한 잘못된 착각, 몇 번의 경험을 가지고 일반적인 것으로 확대 해석하는 경우 그리고 몇 번의 평가로 전반적인 능력을 평가해 버리는 오류 등을 설명하고 있는 개념이라고 할 수 있다. 통계와 확률

제7부. 휴리스틱과 행동심리

의 기본 개념인 대수의 법칙에 의하면, 표본의 크기가 클수록 모집단의 특성을 더 잘 나타내는 법이다. 즉 큰 표본은 작은 표본보다 신뢰도가 높다는 의미이다. 그렇기 때문에 여러분들은 작은 표본의 결과는 그리 믿을만한 것이 못 된다는 사실을 무시해서는 안된다. 우연히 발생한 사건을 인과관계가 존재하는 것으로 설명한다면 엉터리 설명밖에 더 되겠는가? 여러분은 항상 큰 표본보다 작은 표본에서 극단적인 결과가 더 자주 나온다는 사실 또한 잊어서는 안 될 것이다

단기적으로 특이한 결과가 나타날지라도 장기적으로는 결국 평균치에 접근하게 되는 현상을 '평균으로의 회귀(regression toward the mean)'라고 부른다. 이는 산이 높으면 골도 깊고, 더운 여름 다음에는 추운 겨울이, 오르막 다음에는 내리막이 있어서 평균을 수렴해 가는 것을 의미한다. 이는 스포츠계에서 신인 첫해에 뛰어난 성적을 거둔 선수가 2년 차에 이르러 성적이 떨어지는 2년 차 징크스를 의미하는 소포모어 징크스도 이와 관련된 개념이라 할 수 있다. 결국 모든 일은 여러 차례 반복되면 반복될수록 결과는 이론에서 예상하는 평균값에 가까워지게 된다. 심지어 동전던지기 역시도. 어쩌면 '평균으로의 회귀' 현상은 음과 양의 세상 이치를 모두 담고 있는 개념일지도 모르겠다.

기준점 휴리스틱

　기름 유출을 방지하는 방법이나 유조선 소유주에게 관련 비용을 지불하게 하는 방법을 찾을 때까지 기름이 유출된 태평양 연안에서 바닷새 5만 마리를 살리기 위해 여러분은 매년 얼마나 기꺼이 기부할 생각이 있는가?

　위와 같은 질문에 덧붙여 "5달러를 기꺼이 기부하겠는가?"라고 물었을 때의 평균 기부금은 평균 20달러였지만, "400달러를 기꺼이 기부하겠는가?"라고 물었을 때의 평균 기부금은 143달러로 높아졌다고 한다. 또 한 슈퍼마켓에서는 스프 할인 행사를 하는데 '1인당 12개 한정'이라는 문구를 붙였을 때가 '수량제한 없음'이라는 문구를 붙였을 때보다 판매량이 두 배가 많았다고 한다.

　우리는 우리가 생각하는 것보다 그때그때의 환경에 훨씬 더 많은 영향을 받는다. 사람들은 불확실한 사건에 대해 미리 제시된 기준점을 바탕으로 1차적인 예측 또는 판단을 한다. 이후 이러한 예측이나 판단이 잘못되었다는 것을 깨닫고 조정을 하지만 그 조정 과정 또한 불완전하여 오류가 나타나기 십상이다.

　닻은 배를 정박할 때 해류에 휩쓸리지 않도록 내리는 것을 말한다. 그리고 이러한 닻(anchor)을 내리는 것을 앵커링

제7부. 휴리스틱과 행동심리

(anchoring)이라고 한다. 행동경제학에서는 의사결정을 할 때의 기준을 기준점이라고 한다. 그리고 의사결정이 이 기준점에 이끌리는 현상을 기준점 효과라고 한다. 나도 모르는 사이에 사람들의 마음속에 입력된 정보는 닻 내림과 같이 기준점으로 자리 잡아 사람들의 마음을 제어하곤 한다. 이처럼 기준이 되는 사항이 사람들의 판단에 영향을 미치는 경향을 우리는 기준점 (anchoring and adjustment) 휴리스틱이라 한다. 좀 더 자세히 설명하면, 처음에 인상에 남은 숫자나 언어가 또는 초기에 주어진 정보나 무의식중에 입력된 정보가 닻이 되어 나중에 발생한 사건의 판단에 영향을 미치는 것을 말한다.

　이 현상은 모르는 수량을 추정하기 전에 특정 값이 머리 속에 떠오를 때 나타나기도 한다. 사람들은 이것을 기준점 삼아 그와 가까운 숫자를 추정치로 내놓는 경향이 있다. 숫자를 예측하는 질문을 받고 답을 할 때면 여지없이 이 현상이 나타난다. 사람들은 관련성 여부와 관계없이 일단 외부로부터 기준점이 제시되면 이를 하나의 가설로 받아들인다. 일단 기준점을 가설로 받아들이면 사람들은 확증 편향성이나 가설 일치 검증 규칙에 따라 자신의 가설을 지지할 증거들을 찾으려고 한다. 이처럼 사람들은 먼저 어떤 숫자를 접하고 난 뒤에는 무의식적으로 처음 숫자를 기준으로 판단을 하게 되는 오류를 범하는 경우가 많다.

$$8 \times 7 \times 6 \times 5 \times 4 \times 3 \times 2 \times 1 = ?$$

❖ 오류와 실수투성이 인간을 위한 **행동심리학** ❖

짧은 시간을 주고 위의 곱셈의 답을 대략적으로 예측해 보라는 질문을 했을 때 사람들은 답한 값은 대략 2,250으로 나타났다고 한다.

$$1 \times 2 \times 3 \times 4 \times 5 \times 6 \times 7 \times 8 = ?$$

반면에 동일한 방법으로 위의 곱셈의 답을 대략적으로 구해 보라는 질문을 했을 때 사람들의 답한 값은 대략 512로 나타났다고 한다. 물론 정답은 40,320이지만, 두 곱셈의 정답과 상관없이 사람들이 답한 값은 크게 차이를 보이고 있다. 이는 사람들이 어떤 숫자를 먼저 접했는가에 따라 또는 어떤 숫자가 기준점이 되었는가가 사람들의 판단에 영향을 미친다는 것으로 단적으로 보여주고 있다.

또 다른 실험에서는 각 그룹별로 원형 숫자판을 돌려 나온 숫자를 보여 주며 사람들에게 UN에 가입한 아프리카 국가의 비율이 어느 정도인지 예측해 보라는 질문을 하였다. 이때 원형 숫자판을 돌려 나온 숫자 '10'을 기준으로 질문을 한 그룹에서는 UN에 가입한 아프리카 국가의 비율을 평균 25%라고 응답하였다고 한다. 반면에 원형 숫자판을 돌려 나온 숫자 '65'를 기준으로 질문을 한 그룹에서는 평균 45%로 예측하였다고 한다. 이 실험에서 역시 질문에 앞서 접한 숫자는 기준점으로 자리잡

제7부. 휴리스틱과 행동심리

아 사람들의 의사결정에 영향을 미쳤다는 것을 보여주고 있다.

또 다른 실험에서는 터키의 인구가 2,000만 명보다 많은가 아니면 적은가를 물으며 많다면 몇 명일지, 적으면 몇 명일지를 예측해 보라는 질문을 했었다. 이 질문을 했을 때 사람들은 2,000만 명에서 기준점 효과가 나타나 그 주변을 크게 벗어나지 않았다고 한다. 예를 들면 터무니없이 1억이라거나 100만이라고 하는 비약을 하지 않았다. 참고로 터키의 인구는 2019년 기준으로 8,200만 명이었다고 한다.

1994년 미국의 한 맥도널드 드라이브 스루에서 커피를 산 여성이 뜨거운 커피를 엎지르는 바람에 허벅지에 큰 화상을 입었다. 이 여성은 맥도널드를 상대로 소송을 제기했다고 한다. 여러분이 생각하기에 이때 이 여성이 받는 배상금은 어느 정도가 충분하다고 생각하는가? 과거 비슷한 화상 사건의 배상금액은 23만 달러였다고 한다. 그러나 이 사건에서 실제 배심원단이 인정한 배상금은 무려 286만 달러였다고 한다. 어떻게 이런 결과가 나타난 것이었을까? 재판에서 피해자 측 변호사는 배심원들에게 이런 제안을 했다고 한다. "배심원 여러분, 맥도널드는 전 세계에 커피를 판매하고 있습니다. 이번에 화상을 입은 저희 고객에게 맥도널드 측에서 하루 혹은 이틀 동안에 커피를 판매한 매출액을 배상금으로 지급하는 건 어떨까요?". 이 과정을 통해서 피해자 측 변호사는 배심원들에게 맥도널드의 하루

이틀 동안의 커피 판매 매출액을 배상금을 결정하는 기준점으로 만들어 버린 것이었다.

오직 나만이 닻을 내릴 수 있다

이처럼 기준점 휴리스틱은 별것 아닌 것처럼 보이기도 하지만 우리의 일상생활에 매우 큰 영향을 미치고 있다. 그렇다면 기준점 휴리스틱으로 인한 편향성을 극복하기 위해서는 어떻게 해야 하는 것일까? 이를 위한 최선의 방법은 다른 사람들이 여러분의 의사결정에 영향을 미치려고 하는 닻을 내리지 못하게 하는 것이다. 다른 사람들이 여러분의 마음에 닻을 내리도록 내버려 두기보다는 결정적인 순간에 여러분 스스로 닻을 적절히 내리려고 하는 노력이 필요하다. 오직 여러분만이 스스로 닻을 내릴 수 있다고 생각하는 편이 더 낫다. 상대방이 닻을 내리는 것을 막을 수 없다면, 여러분은 반드시 상대방이 내린 기준점에서 멀어져야 할 이유를 찾기 위한 조정(adjustment) 노력에 신경을 써야 할 것이다.

반대의 입장에서 여러분이 상대방에게 영향을 미치려고 하는 상황이라면, 상대방의 기준점으로 작용하게 될 닻을 잘 내려야 한다. 흔히 협상에서 가장 중요한 것 역시 우리의 목표치를 상

제7부. 휴리스틱과 행동심리

대의 기준점으로 만드는 것이라고 한다. 그렇기 때문에 여러분이 던지는 첫 기준점은 협상에서 매우 강력한 효과를 발휘한다는 것을 기억할 필요가 있다.

한편 한 연구에 의하면, 기준점을 내리라는 소리를 들었을 때 고개를 가로 저으라는 지시를 받은 사람들은 기준점에서 멀어지는 방향으로 조정이 이루어졌지만, 고개를 끄떡이라는 지시를 받은 사람들은 좀 더 기준점에 다가서는 경향이 나타났다고 한다. 이러한 연구 결과를 놓고 보면 우리가 무언가를 협의하고 협상을 할 때, 상대방에게 공감을 표시한답시고 함부로 고개를 끄떡이면 큰일이 날 수도 있겠다는 생각을 하게 된다.

여러분은 이번 학기에 어떤 학점을 기대하고 있는가? 잘 생각해서 대답해라. 무심코 대답한 학점이 아무 의미도 없어 보이지만 나도 모르는 사이에 닻이 내려가면서 기준점으로 자리 잡아 여러분의 노력과 열정에 영향을 미칠 수 있기 때문이다.

아주 예전 '라떼는 말이야' 이야기긴 하지만, 친구들과 저녁 모임에서 약속 시간보다 늦은 친구가 자리에 앉으면 '後來者(늦게 온 사람) 석 잔'을 외치며 벌주 석 잔을 연달아 마시고 시작하는 문화가 있었다. 이제는 나이가 들어 그 앵커링을 받아들일 수가 없다. 조정이 반드시 필요하다. 친구야, 두 잔으로 하자!

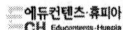

제8부

감정과 행동심리

감정적 휴리스틱

하얀색과 검은색 공이 들어있는 바구니에서 검은 공을 뽑으면 선물을 줄 것이다. 여러분이라면 다음 중 어느 바구니에서 공을 뽑을 것인가?

① 번 바구니 : 10개의 공 중에서 검은 공이 1개
② 번 바구니 : 100개의 공 중에서 검은 공이 8개

여러분은 과연 어느 바구니를 선택했을까? 아마도 대부분은 두 번째 바구니를 선택하지 않았을까 싶다. 확률적으로 본다면 검은 공을 뽑을 확률은 1번 바구니가 10%이고 2번 바구니가 8%이기 때문에 사람들은 당연히 확률이 높은 1번 바구니를 선택해야 한다. 하지만 대다수의 사람들은 1번이 아니라 2번 바구니를 선택하는 것으로 나타났다. 왜 이런 선택이 나타나는 것일까?

이 같은 결과가 나온 이유는 사람들이 의사결정을 할 때 확률적 판단이 아닌 감정적 판단을 했기 때문이라고 볼 수 있다. 검은 공의 개수를 기준으로 감성적 판단을 하다 보니 검은 공이 한 개밖에 없는 바구니에서 그 한 개의 검은 공을 뽑기란 정말 어렵다고 느껴지게 된다. 반면에 검은 공이 8개 있는 곳에

서 검은 공 한 개를 뽑는 것이 상대적으로 확률이 높다고 느끼게 되는 것이다.

우리가 의사결정을 할 때마다 인간의 이러한 감정이 큰 영향을 미치곤 한다. 이처럼 확률적 판단을 포함한 여러 형태의 판단이나 의사결정을 할 때 이성이 아닌 사람의 감정이 휴리스틱으로 작용해 선택에 영향을 미치는 것을 감정적 휴리스틱이라고 한다.

감정이라는 꼬리가 이성이라는 몸통을 흔든다

사람들은 어떤 정보를 제시받을 때 비율(%)보다는 숫자로 제시된 정보에 대해 더 높은 감정적 반응을 보이는 경향을 가지고 있다고 한다. 예를 들어 '게임을 한 사람 중 10%의 사람이 승자가 될 것이다' 라는 말을 들은 사람들은 일반적으로 이 게임에서 승리할 확률이 낮다고 느끼게 된다. 반면에 '여러분 열 명 중 한 명만이 게임에서 이길 것이다'라는 말을 들은 사람들은 그 한 사람이 누구일까를 생각한다고 한다. 더 나아가 그 한 명이 자신이 될 수도 있을 것이라는 생각까지도 한다고 한다. 한 병원에서 크리스라는 환자를 퇴원시킬지 말지를 결정하는 과정에서 심사자들의 소견을 다음의 두 가지 방식으로 제시하였다고 한다.

A 소견서 : 크리스와 유사한 환자들이 퇴원 후 6개월 이내에 폭력적인 행동을 할 확률이 20%라는 사실이 관찰되었다.

B 소견서 : 크리스와 유사한 환자들 100중 20명이 퇴원 후 6개월 이내에 폭력적인 행동을 한다는 사실이 관찰되었다.

여러분이 생각하기에 어떤 소견서를 본 사람들이 크리스의 퇴원을 더 반대했을 것 같은가? 해당 연구 결과에 의하면, A 소견서를 본 사람 중 21%만이 크리스의 퇴원에 반대를 한 반면에 B 소견서를 본 사람들은 41%가 크리스의 퇴원을 반대했다고 한다. 이러한 일련의 연구 결과들은 숫자 그 자체를 들은 사람들이 퍼센트로 표현한 숫자를 들은 사람보다 더 강한 감정적 반응을 보인다는 사실을 확인시켜 주고 있다. 이러한 관점에서 보면, 만약 뉴스 보도에서 퍼센트가 아니라 숫자나 빈도로 무언가를 제시하는 경우에 그 보도 내용이 긍정적인 내용이라면 사람들은 더 긍정적인 인상을 받게 된다고 볼 수 있다. 반면에 그 보도 내용이 부정적인 내용이라면 오히려 더 부정적인 인상을 가질 수 있게 된다는 의미가 된다. 이러한 맥락에서 보면 누군가에게 더 강한 감정적 반응이나 인상을 주고 싶다면 비율보다는 숫자나 빈도를 사용하는 편이 더 낫다고 볼 수 있다. 예를 들면 '70%의 소비자가 우리 회사의 제품을 최고로 뽑았다'라고

제8부. 감정과 행동심리

말하기 보다 '100명 중 70명의 소비자가 우리 회사의 제품을 최고로 뽑았다'라고 표현하는 것이 더 강한 인상을 줄 수 있다는 것이다. 반면에 부정적인 반응이나 인상을 조금이나마 완화시켜 주고 싶다면 숫자나 빈도보다 '불과 참가자의 3% 만이'와 같이 퍼센트로 그 내용을 전달하는 것이 더 유리하다고 볼 수 있는 것이다. 정리하면 긍정적 정보는 숫자나 빈도로, 부정적인 정보는 퍼센트나 비율로 제시하는 편이 감정적 휴리스틱 측면에 유리하다고 볼 수 있다는 것이다.

이와 같은 비율과 빈도에 대한 사람들의 차별적인 감정적 반응과 관련된 논의들은 제품의 가격 인상이나 가격 인하 관점에서도 시사하는 바가 있다. 예를 들어 가격 인상의 경우에는 인상 금액을 숫자로 말하기보다는 비율로 표시해주는 것이 가격 인상에 대한 부담감을 다소 덜어 줄 수는 여지가 있다는 것이다. 반면에 가격 인하의 경우에는 인하 금액을 퍼센트로 말하기보다는 실제로 얼마에서 얼마로 내려갔는지 금액으로 표시해주는 것이 소비자의 심리적 혜택을 더 크게 느끼게 하는데 유리할 수 있다는 것이다.

이 책의 마지막 챕터에서 살펴보게 될 최후 통첩 게임에서는 8:2 또는 9:1의 불공정한 제안을 받은 사람들의 67%는 제안자의 제안을 거부함으로써 본인뿐만 아니라 제안자까지 주어진 상금을 가지지 못하도록 하였다. 8:2 또는 9:1의 제안이 아무리 불공정한 제안이라 할지라도 제안을 거부하기보다는 제안을 받아들이는 것이 상금의 1 또는 2의 몫을 받을 수 있어 더 이익인 것은 분명하다. 그러나 제안의 수락자 입장에서는 상대방이 8 또는 9를 갖고 나에게는 겨우 1이나 2밖에 배분하지 않았으니 기분이 좋을 리가 없다. 즉 이것은 이익을 떠나서 감정의 문제이고, 수락자는 즉 감정이 상한 것이다. 이처럼 때때로 사람의 감정은 이성을 쥐고 흔드는 역할을 하기도 한다.

위험과 이익에 대한 착각

무언가의 투자에 있어 위험이 높을수록 수익이 높고, 위험이 낮을수록 수익은 낮을 수 밖에 없다는 것을 모르는 사람은 없을 것이다. 사람들은 자신이 좋아하고 친숙한 기업에 투자를 하는 경우에는 이와 반대로 위험은 낮고 수익은 높을 것이라고 생각하는 경향이 있다고 한다. 이와 같은 감정적인 휴리스틱은 때때로 위험과 이익에 대한 착각을 초래하기도 한다. 이처럼 사람들이 투자 결정을 할 때 투자 위험과 수익 등을 합리적으로 고려하기보다는 자신에게 친숙하고 편안한 회사에 투자를 하는 경향을 보이는 것을 집 편향성(Home bias)이라고 한다. 이러한 집 편향성은 역설적으로 자신이 별로 좋아하지 않고 친숙하지 않은 기업에 투자를 하는 경우에는 반대로 위험은 높고 수익은 낮다고 잘못 판단하게 만들기도 한다. 행동경제학의 응용 버전이라 할 수 있는 행동재무학 분야에서는 이처럼 누가 봐도 훨씬 좋은 투자 제안을 마다하고 자신이 잘 아는 분야, 자신이 친숙한 분야에 집중해 투자하는 행동을 두고 친숙성 (familiarity) 편향이라고도 한다.

통제에 대한 환상

여러분 중 몇몇은 직접 경기를 보러 가거나 TV로 경기를 시청하면 내가 응원하는 팀이 진다는 생각에 직관을 하지 않거나 TV 중계를 일부러 보지 않은 적이 한두 번씩은 있을 것이다. 필자가 잘 아는 지인 중 한 분도 매번 류현진 선수가 선발 등판 경기를 하는 날이면 경기의 승패를 남에게 물어보기만 하시지 직접 중계방송을 보시지는 않는다. 그래서 하루는 그 이유를 물어봤더니 본인이 보면 항상 그날은 지는 게임이 많아서 일부러 중계방송을 보지는 않는다는 대답을 들을 수 있었.

고스톱을 칠 때 보면 사람들은 바닥에 놓여진 패를 집어든 후 힘차게 내가 원하는 패의 이름을 예를 들어 '똥'하고 외치며 바닥에 힘차게 내려 꽂는 모습을 볼 수 있다. 이러한 사람들의 행동은 자신이 어떤 상황을 통제하고 있거나 또는 통제할 수 있다고 생각하기 때문에 나타나는 현상들이라 할 수 있다. 이처럼 자신이 통제할 수 없는 상황에 대해 자신이 통제할 수 있다고 과대평가하는 것을 감정적 휴리스틱에 의한 통제의 환상(illusion of control) 편향성이라고 한다. 물론 사람들도 다 알고 있겠지만 내가 원하는 패의 이름을 힘차게 외친다고 해서 또는 내가 응원하는 팀의 경기를 직관하지 않거나 TV로 보지 않는다고 해서 결과가 달라지지는 않는다. 실제로 이것을 모르는 사람은 없겠지만, 사람들은 자신의 외침 한 마디가 또는 자신의 행위 자체가 본인이 원하는 결과를 가져다 줄 수 있을 것이라는 믿음을 가지며 살고 있다. 어떠한 경우에는 확률과 상관없이 시간과 노력을 들여 자신이 직접 숫자를 고르면 복권 당첨 가능성이 더 높아진다고 믿는 사람들도 있다. 이런 통제에 대한 환상은 언제 더 많이 나타날까? 기존의 연구 결과들을 종합해보면, 통제에 대한 환상은 자신이 친근하게 느끼는 대상일수록, 정보가 많은 상황일수록 또는 상황에 대한 몰입도가 높을수록 더 커진다고 한다.

주변의 상황을 마음대로 움직이고, 제어하고 싶은 통제에 대한 욕구는 인간의 근본적인 욕망이기도 하다. 사람들은 어떠한 상황을 통제할 수 있는 권한을 부여받았을 때 실제로 집중력이 더 좋아지기도 하고 작업 성과도 더 좋게 나타난다고 한다. 스스로 상황을 통제할 수 있다고 믿는 사람은 더 의욕적이고 더 오랫동안 일에 매달리는 경향이 높다고 한다. 이러한 통제력에 대한 환상은 불안한 환경에서 불안을 몰아내고 스스로 안정을 찾는데 도움을 주기도 한다. 반면 통제력에 대한 환상이 없는 사람들은 처음부터 무언가에 대한 시도를 포기하고 아무것도 하지 않는다고 한다. 한편 통제에 대한 욕구는 잘못된 환상을 만들어내기도 한다. 어떤 일이 성공했을 때 사람들은 그 일이 성공한 것은 내가 상황을 잘 통제했기 때문이라 생각하는 경향이 있다. 반면에 어떤 일이 실패했을 때 사람들은 그 일이 실패한 것은 내 탓이 아니라 상황의 영향 때문이라고 생각하는 경향이 있다. 이러한 통제에 대한 잘못된 환상은 경우에 따라서 정보의 선택을 왜곡시키기도 하고 이로 인해 위험이 높은 상황에 처하게 되기도 한다. 이처럼 통제력에 대한 환상은 긍정적인 측면도 가지고 있지만 자기 과대평가와 섣부른 행동을 야기할 수 있다는 측면에서 오류를 낳기도 한다. 이러한 오류를 극복하기 위해서 여러분은 자기 자신의 영향력과 통제력에 분명한 한계가 있음을 인정하는 자세를 가질 필요가 있을 것 같다.

감정의 오귀인 현상

여러분은 시끌벅적한 장소에서 데이트를 할 때, 커플 성공률이 높은 이유가 무엇인지 알고 있는가? 여의도 불꽃 축제에 가거나, 놀이공원에 가거나, 음악 소리가 쿵쿵거리는 클럽에서 데이트를 하고 있다고 한다면, 일단 서로가 무슨 말을 해야 할지 몰라 어색해하는 분위기는 생기지 않을 것 같다. 행여나 이야기 꺼리가 바닥이 나서 두 사람 사이에 침묵이 흐르게 될 때도 잠시 불꽃 구경이나 음악에 심취한 것으로 여길 수 있을 것 같다. 한편으로는 시끄러운 주변 소리 때문에 상대방의 이야기가 잘 안 들린다고 서로 조금 더 가까이 다가갈 수 있는 핑계거리가 생길 수도 있을 것 같다. 그리고 무엇보다도 수많은 군중의 함성 소리와 음악 소리는 그들을 기분을 들뜨게 만들어 주기에 충분할 것 같다. 그러다 보면 이렇게 만들어진 기분 좋은 감정과 즐거운 흥분이 바로 옆에 있는 데이트 상대의 매력 때문에 생기는 것과 같은 착각을 하게 된다. 그래서 스페인 속담에도 '사랑을 속삭이려면 투우장'에서 라는 말이 있는 것 같다.

이러한 현상을 감정의 오귀인 현상(Mis-attribution of emotion)이라고 한다. 보통 귀인(attribution)이라 함은 어떤 일이 왜 일어났는지를 그 원인을 파악하는 것 또는 어떤 일의 원인이 무엇인지를 추론하는 것을 말한다. 여기서 오귀인(Mis-attribution)이라고 하는 것은 어떤 일의 원인을 잘못 추론하는 것을 말하는 것이다. 일반적으로 사람들의 두려움, 긴장, 기쁨, 슬픔에 대한 생리적 반응은 크게 다르지 않다고 한다. 마

제8부. 감정과 행동심리

치 여러분이 타고 있던 차가 트럭에 충돌할 뻔했을 때 심장이 벌렁벌렁 뛴 것이 놀람과 두려움의 반응이었다면, 필자가 지금의 아내를 처음 만났을 때 심장이 대책 없이 나댔었던 것은 사랑의 반응이었고, 막 롤로코스터를 타고 내린 후 아직도 뛰고 있는 심장은 흥분과 즐거움의 반응이라고 할 수 있다. 그런데 이러한 두 가지 상황이 겹치게 되는 경우에 사람들은 그 원인이 되는 감정을 때때로 잘못 추론하는 오류를 범하기도 한다. 이러한 현상을 감정의 오귀인 현상이라고 하는 것이다. 뜻밖에도 이러한 감정의 오귀인 현상은 우리 주변에서 꽤 많이 찾아볼 수 있다.

따뜻한 음료를 마시는 것도 다른 사람의 판단에 의미 있는 영향을 미칠 수 있다고 알려져 있다. 한 그룹에게는 따뜻한 커피를 다른 한 그룹에는 아이스 아메리카노를 주고 낯선 사람의 신상 정보가 담긴 파일을 보여주고 그의 성격을 평가해보라고 했다. 그 결과 따뜻한 커피를 마신 그룹에서는 이 사람을 친절하고 인자한 것 같다고는 대답한 반면 차가운 커피를 마신 그룹에서는 이 사람을 무뚝뚝하고 말 걸기가 어려워 보인다고 평가했다고 한다. 커피 속 카페인 역시 사람들의 심장을 두근거리게 한다고 한다. 만약 여러분의 어떤 사람 또는 회의에서 우호적인 인상을 남기고 싶다면, 따뜻한 커피를 함께 마시는 것도 좋은 방법이 될 수 있다는 의미이다. 반면에 여러분이 누구로부터 투자를 권유받거나 냉정하게 그 사람을 평가하는 자리라고 한다면 오히려 차가운 아이스 아메리카노를 권하는 바이다.

여러분은 '캥거루 케어'라는 말을 들어 본 적이 있을 것이다. 이는 미숙아를 엄마 품에 안겨서 정서적 또는 신체적 치유를 돕는 치료법을 말한다. 캥커루 케어 중인 아기는 채혈을 하거나 주사를 놓아도 잘 울지 않는다고 한다. 그 이유는 맨 살이 맞닿을 때 분비되는 옥시토신이 고통을 줄여주기 때문이라고 한다. 그래서 이를 접촉 위안(contact comfort)라고도 한다. 심지어 내 손으로 내 몸을 감싸 스스로 안아주는 것만으로 사람들은 위로를 받는다고 한다. 신체적인 따뜻함은 다른 사람들을 더 따뜻하게 느끼게 해줄 뿐만 아니라 우리들 스스로를 더 따뜻하게 해준다. 더 나아가 남에게 더 관대하고 남을 더 신뢰하게 만들어 준다고 한다.

한편 '배고픈 판사는 위험하다'는 말도 있다. 판사들의 가석방 관련 판결을 분석한 결과, 점심 식사 전의 가석방률은 15%에 불과했지만, 점심 식사 직후에는 가석방률이 65%로 크게 상승하는 것으로 나타났다고 한다. 이처럼 식사 전에 가석방율이

제8부. 감정과 행동심리

낮게 나타난 것은 어쩌면 가석방 심사 당시의 배고픔과 피곤함과 같은 불편한 느낌이나 감정들을 판사들이 가석방 거부의 증거로 받아들였기 때문일 수 있다. 이는 아무리 훈련이 잘된 전문가라 할지라도 배고프고 지치면 의사결정이 의지와 상관없이 변할 수 있다는 것을 시사하고 있다. 사람들은 피로를 느끼거나 탄수화물을 적절하게 섭취하지 않았을 때는 의사결정이 다소 보수적인 쪽으로 기울게 된다는 연구 결과도 있다. 어떻게 본다면 이성적인 의지력을 유지하려면 적절한 양의 탄수화물로 배를 채우고 피로도를 조절할 필요가 있다는 것을 확인하게 되는 대목이다. 앞으로 여러분들이 냉정하고 보수적인 판단을 하고자 할 때 또는 조금 더 마음을 열고 너그럽게 또는 많은 가능성을 고려하고자 할 때는 각각의 상황에 따라 여러분의 배고픔과 피곤함을 잘 조절해 나가야 할 필요가 있을 것 같다. 그리고 누군가가 여러분의 배를 채워주려고 한우를 사줄 때는 특히 조심하는 것이 좋을 것 같다. 생뚱맞지만 갑자기 한 드라마의 대사 중에 나왔던 "대가 없이 대접받을 수 있는 범위는 어쩌면 돼지고기까지이다"라는 말이 이 순간 떠오른다.

❖ 오류와 실수투성이 인간을 위한 **행동심리학** ❖

좋아하면 판단하지 않는다

똑같은 내용의 말이라 하더라도 그 말을 한 사람이 각기 다른 사람일 경우에 여러분의 반응은 똑같을 것 같은가? 아니면 다를 것 같은가? '좋아하면 판단하지 않는다'라는 말이 있다. 이 말은 똑같은 말이라도 사람에 따라 다르게 평가된다는 의미를 가지고 있다. 어떤 경우에는 '메시지'의 내용보다 '누가' 말하는가가 더 중요하게 받아들여진다. 어떤 사람을 좋아하면 그가 한 말과 행동 그리고 그와 관련된 모든 것을 좋게 받아들이게 된다고 한다. 이처럼 어떤 대상에 대한 감정이 그와 관련된 다른 것에까지 옮겨가는 현상을 감정 전이(emotional transference) 현상이라고 한다.

비슷한 조건과 가격을 제시한다면 누구라도 '호감'이 가는 판매원에게 상품을 구매하고 싶어 할 것이다. 이처럼 사람들의 이성적인 판단은 그리 주도적인 영향력을 발휘하지 못하는 경우가 많다. 왜냐하면 인간의 선택은 많은 경우에 이성이 아니라 감정에 좌우되기 때문이다. 어쩌면 객관적인 정보들은 사람들의 감정적인 선택을 정당화해주는 보조자료에 불과할지도 모른다. 사람들은 다른 사람들의 의견에 반대할 때 이런저런 나름대로 합리적인 근거를 끌어대는 경우가 많다. 하지만 이런 근거들은 대부분 자신의 감정을 정당화하는 것에 불과한 경우가 많다. 의식하고 있든 의식하지 못하고 있든 그 이면에는 '나는 당신이 싫다. 고로 나는 당신의 말에 반대한다'라는 의미가 깔려있는 경우가 많다. 사람이 좋으면 그와 관련된 모든 것이 다 긍정적으로 느껴지는 반면 그 사람이 싫으면 모든 것이 다 부정적으로 느껴진다. 이런 방식으로 '호감'이라는 감정 역시 감정의 오귀인 현상을 만들어 내고 있는 것이다.

래포 형성이 중요하다

미국의 유명 경영대학원 학생들을 대상으로 서로 짝을 지어 준 다음 이메일로 거래와 관련된 협상을 하게 하였다. 학생들의 절반에게는 단순히 협상만 하면 된다고 하였으나 다른 절반에게는 협상 상대의 사진을 보여 주고 간단한 신상 명세를 알려준 다음 협상하기 전에 잠시 이메일을 통해 서로를 알아보는 시간을 가지도록 하였다. 그 결과 단순히 협상만 하라고 했던 절반의 학생들의 경우 협상에서 합의 도출에 실패한 비율이 29%에 달했지만, 협상하기 전에 서로를 알아보는 시간을 갖은 그룹에서는 합의 도출에 실패한 비율이 단지 6%에 불과했다고 한다. 이러한 연구 결과는 사람들 간의 친밀감 또한 사람들의 의사결정과 판단에 영향을 유의미한 미치고 있다는 것을 알려주고 있다.

여러분은 래포 또는 라포라고 불리우는 개념에 대해 들어 본 적이 있을 것이다. 래포(rapport)는 상호 간에 신뢰하며 감정적으로 친근감을 느끼는 공감적인 인간관계 또는 그 친밀도를 의미하는 심리학 용어이다. 사람들과의 관계에서 래포를 형성하는 것, 즉 친밀감을 형성하는 것은 매우 중요하다고 한다. 가족 간의 래포 뿐만 아니라 교수와 학생 간, 의사와 환자 간, 기업과 소비자 간에 공감대를 형성하고 친밀감을 형성하는 것은 매우 중요한 부분이라 할 수 있다.

협상은 사람과 사람이 하는 것이다. 성공적인 협상은 상대방과의 친밀감, 즉 래포를 형성하는 것에서 시작된다고 해도 과언이 아니다. 상대방과 래포를 형성하기 위해서는 개인적인 메시지나 감정을 전달하는 관계 지향적인 대화가 필요하다. 유사성의 원칙을 활용하여 비슷한 경험이나 취미를 주제로 대화를 나누는 것도 래포를 형성하는데 효과적일 수 있다.

사람들은 상대방의 말을 이성과 합리로 판단하기 전에 감정과 직감으로 먼저 반응하는 경향이 있다. 결국 전달하고자 하는 메시지보다 상대방에 대한 마음이 먼저다. 상대방에게 내 말이 먹히도록 하려면 만남과 대화를 통해 친밀감을 쌓아 먼저 마음의 벽을 허물어야 한다.

제9부

비교와 행동심리

타협효과

A식당에서는 2만 원짜리 코스와 3만 원짜리 코스 요리 두 가지를 팔고 있다. 한편 B식당에서는 2만 원, 3만 원, 5만 원짜리로 총 세 가지 코스 요리를 팔고 있다. 여러분이 생각하기에 두 식당 중에서 어느 식당의 매출이 더 높을 것 같다고 생각하는가? 아마도 B식당이라고 대답한 사람들은 나중에 장사를 하게 되면 크게 성공하지 않을까 싶다.

여러분이 보기에 A식당에서 가장 합리적으로 보이는 코스요리는 무엇인가? 달리 말하여 A식당에서 여러분이 코스 요리를 주문한다면 얼마짜리 메뉴를 주문할 것 같은가? 반면에 B식당에서 가장 합리적으로 보이는 코스 요리는 무엇인가? 달리 말하여 여러분이 B식당에서 코스 요리를 주문한다면 얼마짜리 메뉴를 주문할 것 같은가? 물론 이런 질문에 정답은 없겠지만, A식당에서는 2만 원짜리 코스 요리가, B식당에서는 3만 원짜리 코스 요리가 상대적으로 합리적으로 보일 수 있다. 이러한 가정에 따르면, A식당에서는 2만 원짜리가 많이 팔릴 것이고, B식당에서는 3만 원짜리가 더 많이 팔릴 것으로 예상되므로, 두 식당 중에서는 B식당의 매출이 더 많이 나오게 될 것이다.

사람들에게 어떤 메뉴가 실제로 합리적인 메뉴인지는 크게 중요하지 않다. 그보다는 어쩌면 사람들이 어떤 메뉴를 합리적이라고 판단하고 싶어하는지가 더 중요한 부분이라고 할 수 있다. 이러한 사람들의 성향은 타협 효과와 연관하여 설명할 수 있다. 타협 효과(compromise effect)란 두 가지 선택 대안이 존재하는 상황에서 세 번째 대안이 추가될 때 중간 수준의 무난한 대안에 대한 선택 확률이 증가하는 현상을 말한다. 달리 말하면 사람들에게 여러 가지 대안을 만들어 비교하게 만들면 사람들은 중간의 대안을 선택하게 되는 경향이 높게 나타난다는 것이다. 이와 같은 타협효과가 나타나는 이유는 무엇일까? 이와 관련된 여러 가지 가설 중에서 대표적인 것 중 하나는 극단적 회피(extreme aversion) 성향을 들 수 있다. 사람들은 극단적인 것을 회피하고자 하는 성향을 가지고 있기 때문에 중간 수준 대안의 선택 확률이 높아진다고 보는 것이다. 또 다른 이유로는 이유에 근거한 선택(reason based choice) 이론을 들 수 있다. 사람들은 어떤 대안이 가장 높은 효용을 제공하는지 판단하기 어려운 경우에 자신의 선택을 정당화할 수 있는 가장 타당한 이유를 주는 대안을 선택한다는 것이다. 5만 원짜리 요리는 너무 비싸고 부담스럽게 느껴지고 반면에 2만 원짜리 요리는 가격이 저렴하기 때문에 마음 속으로는 손이 가도 누군가를 대접을 해야 하는 상황이라면 꺼려지기 십상이다. 이때 중간에 위치해있는 3만 원짜리 메뉴는 매우 매력적인 선택 대안으로 느껴지게 된다.

 그 밖에도 사람들은 무언가를 양극단으로 나누기보다 세 개 정도의 범주로 분류할 때 더 편안함을 느낀다고 한다. 우리가 정치 성향을 보수, 중도, 진보로 딱 세 가지로 나누며 살고 있는 것처럼 말이다. 어떤 경우에 사람들은 중간이 안전하다는 생각을 가지고 있는 것 같기도 하다. 이를 소위 '매직 넘버 3' 또는 '진선미 효과'라고 부르는 사람들도 있다. 때때로 타협 효과는 가격뿐만 아니라 크기와 용량에도 적용되기도 한다. 실제로 사람들은 무엇이든 비교하는 걸 참 좋아하지만, 너무 많은 비교 대상이 있으면 비교 자체를 아예 포기해버리는 경향을 가지고 있다. 이미 앞서 현상 유지 편향성에 대한 이야기를 하면서 선택 대안이 너무 많거나 비교 자체가 너무 복잡한 경우에는 결정 마비 현상이 나타나 구매 자체를 포기해버리는 경우가 생긴다는 것을 설명한 바 있다. 이처럼 사람들은 복잡한 비교에 익숙하지 않다. 하지만 인생은 선택의 연속이고 선택의 문제는 항상 난해한 법이다. 이러한 사람들을 위해 여러분이 제시해 할 대안의 수는 어쩌면 딱 세 개면 충분한 지도 모르겠다.

제9부. 비교와 행동심리

유인효과

여러분이 생각하기에 새로운 제품이 출시되면 기존 제품은 덜 팔릴 것 같은가? 아니면 더 잘 팔릴 것 같은가? 아마도 여러분은 지금까지보다 덜 팔릴 것 같다고 대답할지도 모른다. 신제품이라면 환장하는 사람들에게 기존 대안의 선택 확률이 결코 높아질 것처럼 느껴지지는 않는다. 그러나 기존 제품에 비해 비대칭적으로 열등한 신규 대안이 등장하게 되면 기존 대안의 선택 확률은 오히려 증가할 수도 있다. 이처럼 확실이 조건이 떨어지는 상품이 새롭게 선택의 범주에 추가 되었을 때 품질이 높은 기존 대안을 선택하는 경향이 높아지는 것을 유인 효과(attraction effect)라고 한다. 그리고 여기서 기존 제품에 비해 비대칭적으로 열등한 신규 대안을 미끼(decoy)라고 부른다. 여기서 미끼는 사람들의 선택을 하는데 있어 의사결정의 기준점으로 작용하게 되는 것이다. 유인 효과는 판매자가 의도적으로 선택 대상이 아닌데도 처음 제시한 품목보다 더 못한 대상을 보여주거나 제시할 수 있다는 의미로 해석되기도 한다. 가끔은 판매자들이 이윤이 많이 남거나 또는 재고가 많이 남아 있는 제품을 많이 팔고자 하는 목적으로 소비자를 유인하기 위해 이러한 미끼 상품을 자주 활용하기도 한다.

❖ 오류와 실수투성이 인간을 위한 **행동심리학** ❖

가격 비교의 편향성

사람들은 항상 비교를 한다. 사람들은 비교를 통한 무언가의 차이에 큰 비중을 두며 살고 있다. 사람들은 물건을 살 때도 꼼꼼하게 비교를 하며 사야 한다는 강박관념을 가지고 있다. 그러나 때때로 비교는 오히려 실체를 파악하는데 도움이 되지 못하는 경우가 많다. 또한 수많은 선택 대상을 비교하는 과정에서는 오류가 발생하곤 한다.

사람들은 합리적으로 가격을 비교하고 있을까? 사람들은 과연 무엇을 근거로 비싸다는 것과 싸다는 것을 판단하고 있을까? 여러분은 가격이라고 생각하겠지만 정확히는 가격의 비교를 통해서 이를 판단하는 것이라 할 수 있다. 즉 사람들은 비교할 대상을 항상 필요로 하고 있다.

여러분들은 세일하는 제품의 세일 전 원래 가격이 궁금하여 이를 확인하려고 세일 가격이 붙어있는 견출지를 손톱으로 슬며시 떼서 확인해보려 한 경험이 있을지 모르겠다. 물건의 가격은 무언가 비교할 대상이 있어야 대조효과(contrast effect)가 발생하면서 비로소 비싸거나 싸게 느껴진다. 사람들은 이렇게 정가를 통해서 해당 제품의 가격 타당성을 판단하려는 경향을 가지고 있다. 우리는 이를 가격 품질 연상 휴리스틱이라고도 부른다. 가끔 각종 이름의 이벤트성 세일을 통해서 매우 싼 가격으로 한 물건을 구매한 필자가 나의 득템력을 자랑하고자 아내에게 종종 하는 말이 있다. "이거 내가 만 원에 샀는데, 원래 얼마짜리인 줄 알아?". 사람들에게는 저렴하게 구입했다는 거래 효용이 높다는 점도 중요하지만 원래 가격이 비싸고 그만큼 품질도 우수하다는 사실을 알림으로써 취득 효용 또한 높다는 점도 중요한 것이다.

무료는 비교의 균형을 무너뜨린다

'공짜라면 양잿물로 마신다'라는 속담이 있는 것처럼 사람들은 공짜에 매우 약하다. 공짜, 다른 말로 무료는 소비자로 하여금 전에는 사려고 생각해보지도 않았지만 갑자기 흥미가 생기게 만들기도 하고, 때로는 그저 손에 얻었다는 사실만으로도 강한 만족감으로 느끼게 한다.

때때로 무료는 비교의 균형을 무너뜨리기도 한다. 여러분의 다음의 간단한 가격 비교에서 어느 쪽이 더 매력적으로 느껴지는가? A 상품은 정가 5,000원에서 할인가 2,000원, B 상품은 정가 1,000에서 할인가 무료이다. 누가 이런 어리석은 질문을 하겠는가 싶지만, 혹시 여러분은 B 상품에 더 눈길이 가지 않앉을까 싶다. 하지만 실제 이득은 A 상품이 더 크다. 이를 꼼꼼히 따져보면 실제로 A 상품은 3,000원을 할인받은 것이고, B 상품은 1,000원을 할인받은 것이다. 그렇기 때문에 할인으로 인한 소비자의 이득 관점에서는 A 상품이 더 나은 선택이 된다고 볼 수 있다. 물론 이 말도 여러분에게 그리 설득력 있게 느껴지지 않을 것이다. 이처럼 무료의 힘은 강력하다.

사람들이 무료의 매력을 필요 이상을 받아들이는 이유는 무엇일까? 사람들은 공짜가 가장 이득이 되는 선택이라고 생각하는 경향이 있기 때문이다. 또한 무료는 실패해도 손해 보는 것이 아니라고 생각하는 경향이 있다. 이처럼 사람들이 무료를 선호하는 경향은 손실 회피성과도 관련이 있다. 사람들은 이득보다 손실 회피를 더 선호하며, 손실 회피를 위해 확실한 리스크 제로를 원하는 것이다.

하지만 무료는 때때로 독이 되기도 한다. 특히 평생 무료도 아닌 넷플릭스의 한 달 무료 체험과 같은 한시적 무료 서비스는 더욱 그렇다. 여기에는 무료로 소비자들을 유인하고 그 후에는 사람들의 소유효과 편향성과 현상 유지 편향성 등이 자연스럽게 이어지기를 기대하는 마케터들의 의도가 숨어있기 때문이다. 그래서 공짜를 좋아하면 대머리가 된다는 말이 있는 것일까? 어찌 되었든 살다 보니 '세상에 공짜는 없다'라는 말이 거짓말은 아니라는 생각이 들기도 한다.

제9부. 비교와 행동심리

가격의 비밀

사람들은 생각보다 정액제 요금을 선호하는 경향이 있다. 혹자는 무한 리필 식당이 망하지 않는 이유가 사람들의 정액제 선호 현상 때문이라고 말하기도 한다. 그러고 보니 최근에는 휴대전화 요금도, OTT 요금도, 수많은 스트리밍 서비스들도 모두 정액제 요금 체계로 되어 있어서 매달 꼬박꼬박 소비자들의 계좌에서 요금들이 빠져나가고 있다. 한 연구에 의하면 실제로 정액제가 개별 요금보다 2~12% 정도 더 많은 요금을 지불하게 된다고 한다. 그렇다면 사람들은 왜 정액제 요금을 선호하는 것일까? 사람들은 불확실한 것을 기피하는 경향이 있다. 사람들은 휴대전화 요금이 또는 식당에서 고기를 먹을 때 최종 비용이 얼마나 나올지 확실치 않은 것을 싫어한다. 마치 택시를 타고 어딘가를 갈 때 우리가 택시 미터기가 올라가는 것만 계속 쳐다보며 신경을 쓰는 것과 비슷하다. 이를 택시 미터기 효과라고도 한다. 가격이 정액제로 고정이 되게 되면 이번 달 통화량이 유난히 많아지더라도, 학생들이 삼겹살 2인분을 추가하더라도 이러한 긴장감에서는 벗어날 수 있기 때문이다. 한편으로 사람들은 정액제가 실제 이상으로 큰 혜택을 본다고 생각하기도 한다. 사람들은 정액제가 심리적으로 안정감을 주기 때문에 정액제를 이용하지 않을 때의 비용을 너무 과대평가하는 경향도 없지 않다.

한편 사람들은 같은 할인 금액임에도 불구하고 행동에 차이를 보이는 경우도 있다. 사람들은 동일한 3만 원짜리 제품이 걸어서 15분 거리의 다른 가게에서는 만원이 할인된 가격에 판다고 하면 기꺼이 15분을 걸어서 다른 가게에서 사겠다고 한다. 하지만 동일한 30만 원짜리 제품이 걸어서 15분 거리의 다른 가게에서는 만원이 할인된 29만 원에 판다고 하면 그냥 처음 가게에서 사겠다는 반응이 더 높아진다. 사람들은 시장에서 콩나물 살 때는 100원~500원이라도 깎는 게 당연하다고 생각하지만, 30만 원짜리 옷을 살 때는 1,000원을 깎아달라고 하면 쩨쩨하게 보일 것이라 생각한다. 반대로 콩나물을 살 때 500원을 깎아주면 엄청 고맙다고 감사 인사를 하지만, 30만 원짜리 옷을 살 때 1,000원을 깎아주면 감사하다는 말을 절대 하지 않는다.

경제학의 가정에 의하면 10,000원의 가치는 항상 같아야 한다. 하지만 행동경제학에는 10,000원의 가치는 상황에 따라 달라질 수 있다고 설명하고 있다. 때로는 개인차, 편의성, 시간 등에 따라 돈의 가치는 매우 상대적이라고 할 수 있다. 더 나아가 사람들은 할인 금액보다 할인율에 더 민감하게 반응하는 경향을 가지고 있다.

한편 사람들은 캐쉬백(csahback) 있는 상품을 더 선호하는 경향 또한 가지고 있다. 캐쉬백이 포함된 제품을 구매했을 때, 구매자의 만족도는 더 높아진다고 한다. 하지만 캐쉬백 금액이 이미 상품 가격에 반영되어있는 가격이라는 것을 인지하는 고객들은 그리 많지 않은 것 같다. 이와 관련된 연구에서 원래 300달러로 가격을 책정하고 판매를 했을 때의 고객 만족도와 이를 350달러로 가격을 책정하고 대신 50달러 캐쉬백 혜택을 주었을 때 구매자의 만족도를 비교한 결과, 캐쉬백 혜택이 포함된 구매자의 만족도가 더 높았다고 한다.

PAD(pennies a day) 전략이라는 것이 있다. 이는 년 단위 또는 월 단위에서 지급해야 할 금액을 주 단위 또는 더 작은 일 단위로 지급해야 할 금액으로 제시하는 전략을 말한다. 경우에 따라서는 '한 달에 3만 원으로' 또는 '하루에 커피 한 잔 값으로', '하루 233원만 추가하면'과 같은 방식의 광고문구들은 모두 PAD 전략을 사용하고 있는 것이라 할 수 있다. 사람들은 한 달에 3만 원이라는 금액보다 하루에 천 원이라는 금액에 훨씬 부담을 덜 느낀다. 이 전략은 소비자가 지불해야 하는 비용을 통합하기보다는 분리해줌으로써 소비자가 느끼는 손실을 최소한으로 느끼게 만드는 방법이라고 할 수 있다. 특히 이러한 전략은 전체 금액이 소비자가 수용할 수 있는 범위 내에 위치하고는 있지만 다소 부담스럽다고 느낄 때 효과적으로 사용되는 경향이 있다고 한다.

한 연구에 의하면, 구호단체 기부 프로그램에 1년간 기부할 의사를 가정하고 연간 기부액 30만 원을 제시했을 때는 응답자들의 기부 의사가 30%였으나, 일일 기부액 800원으로 제시했을 때는 기부 의사는 52%로 높아졌다고 한다. 이렇듯 어떤 금액이나 가격은 총액을 표시하는 것보다 적은 숫자로 표시하게 되면 훨씬 더 저렴하게 느껴지게 된다. 즉 연간 보험료 96,000보다 1일당 보험료 267원이 훨씬 부담이 가볍게 느껴지게 되는 것이다. 이러한 메시지 전략을 소위 '푼돈 프레이밍' 전략이라고도 부른다. 이러한 이유로 판매자들은 신용카드 무이자 할부 60개월 등과 같은 다양한 방식의 푼돈 프레이밍을 통해 여러분에게 영향을 미치려고 하고 있는 것이다. 어쩌면 이에 대응하기 위해서 여러분에게는 푼돈 프레임을 다시 총액 프레임으로 리프레이밍(re-framing)하는 지혜가 필요할 지도 모르겠다.

어떤 경우에는 같은 시간을 나타내도 시간보다 분으로 제시하였을 때 소요 시간을 더 짧게 느낀다고 한다. 상황에 따라서는 총 소요 시간이 1시간 30분이라고 말하는 것보다 90분이라고 말하는 것이 더 나을 수 있다는 것이다. 한편 음료의 성분 함유량 표기는 그램(g)보다 밀리그램(mg)으로 환산하여 큰 숫자로 표기해야 더 많은 느낌을 줄 수 있다고 한다. 이 경우에는 역설적으로 낮은 단위로 치환하면서 더 큰 숫자를 제시할 수

제9부. 비교와 행동심리

있기 때문이라고 할 수 있다. 수많은 비타민 음료들이 비타민 함유 1g이 아니라 1,000mg이라 표기하는 이유가 바로 여기에 있는 듯하다.

질적 속성보다 양적 속성이 비교가 더 쉽다

사람들은 어떠한 서비스를 받는 전체 시간을 더 중요하게 생각할까 아니면 소요 시간에 상관없이 실력과 기술을 더 중요하게 생각할까? 실제로 사람들은 실력과 기술도 중요하게 생각하지만 어떤 일에 소요된 전체 시간도 매우 중요하게 생각하는 경향이 있다. 현관 열쇠를 잃어버려 열쇠 가게 사장님이 30분이나 걸려 문을 열어주었을 때와 1분 만에 뚝딱 문을 열어주었을 때, 여러분은 어떤 경우에 더 많은 비용을 지불할 것 같은가? 만약 같은 비용을 지불하는 조건이라면 누구에게 더 고마워할 것 같은가? 아마도 여러분 혼자서는 절대 해결할 수 없는 문제라 할지라도 1분 만에 뚝딱 문을 열어 버린다면 여러분 입에서는 아마 이런 말이 툭 튀어나왔을지도 모르겠다. "뭐야. 이렇게 간단한 거였어!" 참 아이러니하지만 아마도 여러분은 기술이 부족해서 30분이나 걸려 문을 열어 준 열쇠 가게 사장님에게 더 많은 비용을 드리거나 고마움을 더 많이 표시하였을지도 모르겠다.

  이와 같은 상황에서 알 수 있듯이 사람들은 무언가를 평가할 때 실력도 중요하게 생각하지만 그에 들이는 노력과 그에 투입된 절대 소요 시간에 더 큰 만족감을 보이는 경우가 많다. 이는 어떤 기술의 어려움이나 숙련도는 비교가 용이하지 않지만, 시간은 비교가 매우 용이하기 때문이라 할 수 있다. 필자의 경험에 의하면 항상 미용실을 다녀올 때마다 느끼는 것이지만, 아무리 손질할 게 별로 없는 중년 남성의 허접한 헤어스타일이라 할지라도 머리를 감고 커트를 하고 다시 샴푸를 하고 스타일링을 다 하는데 30여 분이 채 걸리지 않을 때는 약간 커트 비용이 아깝게 느껴지기도 하고 감사하는 마음도 덜 생기는 것 같기도 하다. 그래서인지 어떤 서비스들은 기술이나 실력의 숙련도를 기준으로 가격을 책정하기보다는 시간을 기준으로 가격을 책정하기도 한다.

  여기에 두 개의 일자리가 있다. 하나는 연봉은 7천만 원이지만 일은 단조로운 편이다. 다른 하나는 연봉은 6천만 원이지만 일은 흥미로운 편이다. 여러분은 이 중에서 어떤 일자리를 선택할 것 같은가? 사람들은 불분명한 장단점보다 비교가 용이한 수치로 확실하게 드러나는 차이를 더 선호하는 경향이 있다. 이러한 관점에서 본다면 아마 여러분들은 첫 번째 일자리를 선택하지 않았을까 싶다. 천만 원을 더 받는 것은 분명한 사실로 다가

제9부. 비교와 행동심리

온다. 7천만 원의 연봉을 선택한 사람들은 급여의 차이에 큰 비중을 두게 된 것이다. 우리는 이 일이 주는 행복감과 연봉을 비교하게 된다. 그리고 구체적으로 측정할 수 있는 직접적인 유용성을 선택하게 되고 이후에 오는 단점은 나중에 따져보자고 하게 된다. 이러한 경향은 앞선 내용에서 다루었던 근거리 미래의 실행 가능성 중심 평가 성향과도 관련이 있다. 그러나 선택 이후의 상황에서는 평가가 어려웠던 질적 속성이 더 큰 영향을 미친다. 이는 앞선 내용에서 다루었던 원거리 미래의 바람직성 중심의 평가 성향과도 관련이 있다.

　이처럼 사람들은 겉으로 드러난 사실을 쉽게 알 수 있고 합리적으로 평가할 수 있는 대상의 특징에 큰 의미 또는 비중을 두고 판단하는 경향이 있다. 이러한 경향은 어떠한 오류를 내포하고 있을까? 우리가 이 세상을 살아가면서 실제로 사람들이 짜증이 날 때는 보수가 낮은 것보다 힘든 일을 할 때라고 한다. 왜냐하면 즐겁지 않은 일에서 오는 부담은 일상적으로 느껴지기 때문이다. 이와 달리 보수의 이점은 생각보다 일상적으로 잘 인식되지 못한다고 한다. 이렇듯 사람들은 무언가를 비교할 때, 질적인 속성보다 겉으로 드러난 사실, 즉 쉽게 알 수 있고 합리적으로 평가할 수 있는 대상의 양적 속성에 너무 큰 비중을 두는 경향이 있다.

　여러분은 사람들이 합리적인 판단의 근거를 위해 많은 비교를 하고 있지만 그 비교의 결과가 때때로 잘못된 선택을 이끌기도 한다는 것을 기억할 필요가 있다. 그렇다면 비교를 하지 말아야 하는 것인가? 그렇지는 않다. 어떤 물건을 고르거나 선택을 하게 될 때 결정적인 역할을 하는 비교 요인이 나중에 가서도 또는 계속해서 그것을 사용할 때도 중요한 요인인지에 대하여 충분히 생각해 볼 필요가 있다는 의미로 받아들이면 좋을 것 같다. 때때로 비교 대상이나 비교 방법만 잘 선택하기만 해도 사람들은 조금 더 행복해 질 수도 있다. 물론 대부분의 경우에는 그렇지 못한 경우가 더 많은 것 같지만.

비교와 행복

하버드 대학에서 진행된 한 연구에 의하면, 사람들은 절대적으로 나은 결과보다 정도는 떨어지지만 상대적으로 더 나은 결과에 더 높은 만족을 보이는 경향이 있다고 한다. 만일 여러분에게 '동료에게는 3천만 원, 여러분에게는 6천만 원'의 연봉 안과 '동료에게는 8천만 원, 여러분에게는 7천만 원'이라는 두 가지 연봉 협상안이 제시되었다고 가정을 해보자. 두 가지 연봉 협상안 중에서 여러분이라면 어떤 연봉 안을 선택할 것 같은가? 당연히 당사자에게는 천만 원이 더 많은 7천만 원의 연봉 안이 더 이익이지만, 의외로 사람들은 천만 원이 더 적더라도 동료보다 3천만 원을 더 받는 첫 번째 연봉 안을 더 많이 선택했다고 한다.

이러한 연구 결과는 사람들이 절대적인 만족이 아니라 상대적 만족 또는 상대적인 풍요로움을 더 선호하는 경향이 있다는 것을 단적으로 보여주고 있다. 특히나 사람들은 주변 사람들의 수입에 민감한 경향이 있다. 우리나라에서는 사람들이 "실례인지는 알지만, 혹시 연봉이 얼마세요?"라고 묻는 것을 자주 보게 된다. 이는 연봉 또는 월급을 통해서 내가 사회적으로 어떠한 평가를 받고 있는지 비교를 하고 있기 때문에 나타나는 현상이라 할 수 있다. 대니얼 카너만은 인간의 행동을 결정짓는 것은 논리와 같은 합리적인 요소가 아니라 심리적인 요소가 훨씬 더 중요하다고 말한다. 인간이 비합리적인 행동을 하는 이유는 인간은 재화 그 자체뿐만 아니라 다른 사람을 기준으로 만족도가 달라지는 준거 의존형 존재이기 때문이라고 하였다.

미국 코넬대학교의 심리학과 연구팀은 1992년 바르셀로나 올림픽에서 메달을 딴 선수들의 시상식 표정을 10점 만점의 행복 척도로 측정을 하였다. 이 연구 결과에 의하면, 메달 색깔이 결정되는 순간과 시상식 모두에서 은메달을 딴 선수보다 동메달을 딴 선수들이 더 행복한 표정을 지었던 것으로 분석되었다. 이처럼 은메달을 딴 선수보다 동메달을 딴 선수가 더 행복해 한 이유는 무엇일까? 그것은 바로 비교 대상이 서로 달랐기 때문이다. 은메달을 딴 선수는 비교 대상이 금메달을 딴 선수였지만, 동메달을 딴 선수의 비교 대상은 올림픽에서 아무런 메달도 따지 못한 선수였다. 은메달을 딴 선수는 '조금만 더 잘했으면, 금메달을 딸 수 있었을 텐데'라는 생각에 은메달을 딴 기쁨보다 금메달을 따지 못한 아쉬움이 더 크게 다가왔다고 볼 수 있다. 이처럼 간발의 차이로 무엇인가를 이루지 못할수록 더욱 그것에 연연해하며 그 이후의 행동 또는 인생 전반에 영향을 주는 현상을 대니얼 카너만과 아모스 트버스키는 간발효과(nearness effect)라고 설명하였다. 17세기 영국의 설교자 토마스 풀러는 이렇게 말하고 있다. "사람의 행복과 불행을 좌우하는 것은 비교다"

비교는 우리 인간들의 기본적인 판단 시스템이다. 비교는 사후 가정법적 사고(counterfactual thinking)와도 관련이 있다. 사후 가정법적 사고는 크게 상향식 가정법적 사고와 하향식 가정법적 사고로 구분된다. 여기서 상향식 가정법적 사고란 '만일 ~했더라면, ~할 수 있었을 텐데'와 같은 방식으로 더 긍정적인 결과를 가정하는 방법을 말한다. 비교의 관점에서는 상향 비교 방법이라고 할 수 있다. 반면에 하향식 가정법적 사고란 '하마터면, ~하지 못할 뻔했네'라는 식으로 더 부정적인 결과를 가정하는 방법을 말하며, 비교의 관점에서는 하향 비교 방법이라고

제9부. 비교와 행동심리

할 수 있다. 이 관점에서 보면 앞에서 은메달을 딴 선수는 상향식 가정법적 사고를 통한 상향 비교방법을 사용했을 가능성이 높다. 반면에 동메달을 딴 선수는 하향식 가정법적 사고를 통한 하향 비교를 한 것이 분명해 보인다. 사람들은 누구나 부정적인 결과가 발생한 순간 상향 가정법적 사고를 하게 되어 있다고 한다. 그러나 이것이 항상 사람들에게 부정적으로만 작용하는 것은 아니다. 왜냐하면 이러한 상향식 가정법적 사고는 사람들로 하여금 다음에는 더 '분발'할 수 있도록 동기 부여를 해줄 수 있기 때문이다. 한편 정신 건강 측면에서는 하향식 가정법적 사고가 더 좋아 보인다. 왜냐하면 하향식 가정법적 사고는 스스로를 충분히 '위로'해 줄 수 있기 때문이다.

우리는 항상 누군가와 비교를 하며 살고 있다. 학생 때는 성적을, 대학을, 직장 다닐 때는 회사, 직장, 연봉을, 더 나이가 들어서는 자녀들의 성적을, 집을, 차를, 더 늙어서는 연금을, 혈압과 콜레스테롤를, 당뇨 수치를, 심지어는 머리숱 등등을 비교하며 살고 있고 또 살아온 듯하다.

여러분들의 삶에 대한 만족도 또는 행복은 앞으로 어떠한 비교 방법 또는 사후 가정법적 사고를 사용하는가에 따라 달라질 수 있다. 중국의 고서 채근담이라는 책에는 이런 말이 적혀 있다고 한다. "굳이 남과 비교를 한다면, 일이 뜻대로 되지 않을 때는 나보다 못한 사람을 생각하라. 원망하고 탓하는 마음이 절로 사라지리라. 마음이 게을러지거든 나보다 나은 사람을 생각하라. 정신이 절로 분발하리라." 또 누군가는 남들과의 횡적인 비교보다는 과거 자신과의 비교 혹은 미래에 꿈꾸는 자신의 모습과의 종적인 비교도 하나의 대안이 될 수 있다고 말한다. 어쩌면 내가 조금 더 행복해지기 위해서는 나의 단점과 남의 장점을 비교하면서 스트레스를 받기 것보다는 나의 장점과 남의 단점을 비교하며 사는 것도 하나의 방법이 될 수 있을 것 같다. 그런데 살아 보니 그게 참 쉽지가 않다.

제10부
공유가치와 행동심리

❖ 오류와 실수투성이 인간을 위한 **행동심리학** ❖

최후통첩게임

'인간은 합리적인 경제인이다'라는 말이 있다. 이 말은 반대로 합리적으로 어리석은 자의 의미로 해석되기도 한다. 사람들이 항상 이기적인 것은 아니다. 노벨 경제학상을 수상한 아마르티아 센은 경제를 생각할 때 타인과의 공감, 관계성, 이타성 등을 함께 고려해야 한다고 강조하기도 하였다.

여기 10만 원이 있다. 이걸 여러분에게 보너스로 나눠 주겠다. 단 조건이 있다. 우선 이 10만 원을 'A(제안자)'에게 건넬 것이다. A가 이 돈을 다 가져서는 안 된다. B(수락자)에게 얼마를 줄지는 A가 결정해라. 만약 B가 그 금액을 받아들이면 거래는 성립된다. 그러나 만약 B가 거부한다면 두 사람 모두 보너스를 받을 수 없다. 기회는 단 한 번 뿐이며, 서로 상의는 할 수 없다

만일 여러분이 위의 상황에서 제안자인 A의 입장이라고 한다면, 수락자인 B에게 몇 대 몇을 제안하겠는가? 학생들에게 동일한 질문을 했을 때 학생들의 제안은 매우 다양하게 나타나는 것을 확인할 수 있었다. 여러분은 어떠하였는가? 만일 여러분이 수락자인 B의 입장이라고 한다면, 상대방이 9:1, 즉 본인이 9만 원을 가지고 여러분에게 1만 원을 주겠다는 제안을 한다면

제10부. 공유가치와 행동심리

그 제안을 수락할 것 같은가 아니면 거절할 것 같은가?

독일의 경제학자 베르너 귀스가 처음 진행한 이 실험은 바로 '최후 통첩 게임'이라는 이름으로 사람들에게 널리 알려져 있다. 이 실험 결과에 따르면, 수락자인 B는 본인들의 몫이 평균 37% 이상 배분되었을 때 A의 제안을 받아들인 것으로 나타났다. 반면에 8:2나 9:1과 같이 20% 미만의 제안을 받았을 때는 67%에 해당하는 피실험자들이 해당 제안을 거부하였다고 한다. 왜 이들은 이 제안들을 거부하였을까? 제안을 거부하는 것보다는 만 원 또는 이만 원이라도 받는 것이 수락자 입장에서도 무조건 이득이라고 볼 수 있는데 말이다. 이성적으로 또는 경제학적으로 판단한다면, 이 제안은 수락하는 것이 맞다. 경제학에서 가정하듯 인간이 합리적인 주체라고 한다면 배분받은 금액이 적든 많든 간에 상관없이 제안을 거절할 이유가 없다고 볼 수 있다.

하지만 최후 통첩 게임의 결과는 꼭 그렇지만은 않았다. 경제학에서는 사람을 움직이는 핵심적인 힘을 개인의 이익이라고 설명하고 있지만, 현실 세계에서 사람들은 자신의 이익에만 연연하지 않기도 한다. 사람들은 때때로 공정성이라는 가치를 위해 눈앞의 이익을 포기하는 행동도 마다하지 않는 성향을 가지고 있기 때문이다. '배고픈 건 참아도, 배 아픈 건 못 참는다'라는 말처럼, 최후 통첩 게임의 이 같은 결과들은 자신에게 돌아오는 손해를 무릅쓰고서라도 상대방의 이기적인 행동에 대해 보복을 가하겠다는 의도가 담겨져 있는 것이다. 이처럼 사람들은 부당한 제안을 받는 것을 싫어하고, 더 나아가서는 부당한 제안을 하는 사람을 처벌하기 위해 기꺼이 경제적 손해를 감수하려는 경향을 가지고 있다.

사람은 이익에만 연연하지 않는다

사람들이 자신의 이익을 극대화하기 위해 행동하는 것은 분명한 사실이다. 하지만 사람들이 공정한 제안이 무엇인지에 대하여 고민을 하는 것 또한 분명한 사실이다. 최후 통첩 게임에서 제안자 역할을 맡은 A의 약 80%는 극단적으로 제안자에게 유리한 제안을 하기보다 5:5, 6:4, 7:3의 제안을 하였다고 한다. 왜 이들은 이러한 제안을 더 많이 한 것일까? 아마도 제안자들은 본인의 이익을 극대화하면서도 제안이 거절당할 수 있는 위험에 대하여 걱정을 하며 합리적인 배분 전략을 고민했을 것이다. 또는 반반씩 나누자고 하는 제안이 공정한 사고방식과 합치한다고 생각했을 것이다. 이러한 문제는 경제학 논리만으로 풀 수가 없다. 사람들은 대부분 자신의 이익을 극대화하려고 노력하지만 그에 못지않게 자신의 몫과 상대방의 몫이 어느 정도

제10부. 공유가치와 행동심리

되어야 공정한지에 대해서도 생각하기 때문이다. 이참에 공정성의 의미를 간략히 들여다보면, 공정성이라는 개념 안에는 반칙을 하지 않고 정정당당하게 임한다는 의미와 더불어 어느 한쪽에도 치우침이 없어야 한다는 공평성과 각 사람의 차이를 고려해야 한다는 형평성의 의미가 함께 들어 있다고 할 수 있다.

하지만 수락자인 B가 제안에 대한 거부권이 없는 상황이라면 어떤 일이 벌어질까? 이와 관련하여 프린스턴 대학의 대니얼 카너만 교수는 최후 통첩 게임을 발전시켜 소위 '독재자 게임'이라하는 변형 최후 통첩 게임을 진행한 바 있다. 이 실험은 대부분 최후 통첩 게임과 유사하게 진행되었지만, 수락자인 B는 A의 제안을 거부할 수 없는 조건으로 161명에게 20달러를 주고서 실험이 진행되었다고 한다. 이 실험에서도 약 70%의 학생들은 B에게 약 25%를 나누어주겠다고 한 것으로 나타났다.

한편 경제 수준과 자본주의적 사고 성향에 따른 최후 통첩 게임의 배분의 차이를 살펴보았을 때, 자본주의적 사고로 문명화된 지역의 경우 제안자들은 평균 26%를 제시한 반면에 자본주의적 사고에 익숙하지 않은 지역의 제안자들은 50% 이상을 나누어주겠다고 한 것으로 나타났다.

그러나 사람들은 다음과 같은 경우에는 불공정한 거래를 받아들이게 될 가능성이 높아진다고 한다. 첫 번째는 제안자는 한 명인데 수락자가 여러 명인 경우이다. 이 경우에는 제안을 받아들이는 사람만 이익을 얻을 수 있기 때문에 불공정하다고 생각해도 제안을 받아들일 확률이 높아지게 된다고 한다. 두 번째는 제안자가 나보다 뛰어난 능력을 가지고 있다고 판단하는 경우이다. 한 실험에 의하면 간단한 OX 퀴즈 풀기를 통해 제안자를 결정했을 때는 제안자 역시 본인에게 더 유리한 제안을 하는 경향이 있는 것으로 나타났으며 수락자 역시 불공정하다고 생각해도 적은 금액을 받아들이는 경향이 더 높아지는 것으로 나타났다고 한다. 세 번째는 이해관계가 전혀 없는 컴퓨터나 인공지능을 통해 제안되는 경우에는 아무리 낮은 금액이라고 사람들은 그 제안을 받아들인다고 한다. 그래서인지 사람들에게 최후 통첩 게임에서 제안자 또는 수락자를 선택할 수 있다고 한다면 무엇을 선택하겠는가를 물었을 때, 대부분의 사람들은 제안자가 되기를 원하였다고 한다. 아마도 그 이유는 자신에게 유리한 제안을 할 수 있다는 것 뿐만 아니라 상대방이 불공정한 제안을 하는 기분 나쁜 상황을 막고 싶은 마음도 있기 때문일 것이다.

어떻게 보면 상품의 가격 또한 최후 통첩 게임과 매우 유사해 보인다. 판매자는 구매자에게 가격을 제시하고, 구매자는 제시한 금액을 보고 그 비용을 지불하는 것이 공정한지 아닌지를 판단하게 되기 때문이다. 여러분들은 휴가철이나 성수기가 되면 많은 판매자들이 가격을 올리는 것이 공정하다고 생각하는가 아니면 공정하지 않다고 생각하는가? 항상 느끼는 것이지만 소비

제10부. 공유가치와 행동심리

자의 입장에서 보면 '뭐, 이런 경우가 어디 있냐?"는 말이 저절로 튀어나올 정도로 대부분의 소비자들은 이러한 가격 인상이 공정하지 못하다고 생각한다. 한 연구에 의하면, 눈보라가 몰아친 다음 날 아침 15달러에 팔던 눈 치우는 삽을 20달러로 올린 것에 대하여 82%에 달하는 사람들이 부당하다고 생각하는 것으로 나타났다고 한다. 하지만 이 문제는 판매자의 입장에서 또는 경제학에 대하여 익히 잘 알고 있는 사람들의 입장에서 보면 충분히 다른 시각으로 볼 수도 있다. 한 연구에 의하면 MBA를 이수하고 있는 학생들의 경우 대부분의 학생들은 이러한 가격 인상에 대하여 인정할만하다고 생각하고 있는 것으로 나타났다고 한다. 이들은 경제학적인 관점에서 공급이 고정되어 있는 상황에서 수요가 갑자기 증가하면 가격 인상이 일어날 수 있다는 사실을 배우고 있기 때문일 것이다. 어찌 되었든 사람들이 머리로는 수요와 공급의 법칙을 충분히 이해하고 있다 하더라도 손 없는 날이라고 이사업체 비용이 무려 두 배나 뛰고, 휴가철이라고 팬션과 콘도 가격이 두 배로 뛰는 걸 보면서 부들부들하는 걸 보면 마음으로는 아직도 이해가 힘든 법인 것 같다.

❖ 오류와 실수투성이 인간을 위한 **행동심리학** ❖

때로는 비경제적 요인들이 더 중요하다

　인간은 공정성뿐만 아니라 상대방을 존중해야 한다는 것을 충분히 고려하는 존재이다. 그래서 사람들은 타인도 충분히 수긍할 수 있는 제안을 하고자 노력을 한다. 언젠가 독재자 게임과 유사한 실험을 국내 방송에서 진행하는 것을 본 적이 있다. 이때 10:0이라는 비참한 제안을 받고 한 푼도 받지 못했던 한 실험 참가자의 인터뷰 내용이 너무 인상적이어서 아직도 잊지 못하고 있다. "나라면 5:5로 나누었을 것이다. 왜냐하면 행운은 나눠 가지면 더 행복해지니까"

　이 참가자는 경제학에서 말하는 바와 같이 '분배자 A가 어떠한 결과를 통해 얻는 효용 및 만족은 부분적으로는 상대방인 B가 얻는 효용과 만족에 일정 부분 영향을 받는다'라는 내용에 감성 한 스푼을 듬뿍 얹어 이렇게 멋들어진 해석을 만들어 낸 것 같다.

　이러한 최후 통첩 게임과 관련된 일련의 연구 결과들을 통해 우리는 다음과 같은 사실들을 확인할 수 있다. 첫째는 인간은 자신의 이익을 다소 포기하더라도 타인을 배려하는 마음을 가지고 있다는 것이다. 둘째는 인간은 자신의 이익을 포기하더라도 불공정함에 항의하려는 성향을 가지고 있다는 것이다. 인간은

제10부. 공유가치와 행동심리

오랜 진화 과정을 거치며 공정성과 자존심을 지키는 것이 중요하다는 것을 학습해 왔다. 이를 위반하게 되면 사람들은 스스로 불안함과 불편함을 느끼게 된다. 또한 불공정한 제안을 받아들이게 되면 상대방은 계속해서 불공정한 제안을 할 것이고 이는 미래에 얻게 될 경제적 이익과 명성에 부정적인 영향을 미칠 것임을 잘 알고 있는 것이다.

현대 경제학은 오랫동안 모든 경제활동의 바탕은 인간의 이기심에서 시작된다고 가정해 온 것이 사실이다. 하지만 사람들이 늘 합리적이거나 자신만의 이익만을 고려하여 의사결정을 하는 것은 아니다. 인간은 상호 이득과 공정성과 같은 부분을 의외로 중요하게 여기고 있으며, 상호 호혜적인 관계가 가장 건강한 관계라는 것을 잘 알고 있다. 기존 경제학에서는 사람들이 한 푼의 돈에도 벌벌 떤다고 이야기하곤 한다. 하지만 최후 통첩 게임에서 드러난 것처럼 사람은 금전적인 이득이나 손해에만 연연하는 것은 아니다. 사람들은 생각보다 공정성을 추구하고, 다른 사람들을 존중하고, 상호 이득을 추구하고, 바람직한 규범을 준수하는 것 등을 중요하게 여기며 살고 있다. 때때로 사람들은 벌금이나 이득보다 사람들의 체면이나 자존심 그리고 명예와 같은 비경제적 요인들에 더 큰 영향을 받는다.

한 자선단체에서 가난하고 어려운 사람들을 자문해 줄 변호사를 구하고 있었다고 한다. 그러나 이 자선단체는 매우 가난한 비영리단체라서 변호사 자문료를 시간당 30달러 밖에 지급할 수 없었다. 당연한 결과로 이러한 조건에 선뜻 나서는 변호사는 없었다고 한다. 이에 이 자선단체에서는 돈이 아닌 명예를 치켜세워 줄 수 있는 문구로 다시 광고를 냈다고 한다. '이 일은 오직 명예직일 뿐 봉사에 대한 사례는 없습니다.' 그러자 갑자기 지원자가 몰려들었다고 한다. 시간당 30달러를 받으면 C급 변호사가 되겠지만, 자선단체의 명예직 변호사가 되면 A급 변호사가 되는 것이기 때문이었을 것이다.

이러한 일련의 내용들은 경제학적으로는 해석이 잘 안되지만, 심리학적으로는 충분히 납득이 된다. 이처럼 경제 행위도 비경제적인 요소에 영향을 받는 경우가 적지 않다. 사람들이 항상 계산기를 두들기며 행동하는 것은 아니다. 이는 마케터들 뿐만 아니라 우리들 모두가 유념해야 할 대목이다.

공공재 게임

이것은 공공재 게임(The public goods game)이라는 실험 이야기이다. 네 명의 참가자로 진행되는 이 게임에서 네 명은 서로 모르는 사이이며 서로 다른 방에서 게임에 참가하게 된다. 모든 참가자에게 2만 원씩을 나누어 주고 그중 얼마를 사회 공

제10부. 공유가치와 행동심리

공 기금에 투자할지를 결정하도록 하였다. 그리고 참가들에게는 각 개인이 투자한 금액을 모두 합해서 그 두 배를 참가자에게 다시 똑같이 나누어 주겠다고 말하였다. 만약 여러분이 이 게임의 참가자라고 한다면, 여러분이 받은 2만 원 중에서 얼마를 사회 공공 기금에 투자할 것인가?

이 실험에서 만약 모든 참가자들이 공공재의 성격으로 받은 2만 원을 모두 다시 기부를 한다면, 총합이 8만 원이 되고 이의 두 배를 다시 똑같이 나누어 주게 되면 참가자 모두가 4만 원씩을 가져가게 되는 최상의 결과가 나타나게 된다. 어쩌면 공공재 게임은 모두가 협력하고 상호 호혜성을 추구한다면 모두가 가장 좋은 결과를 공유할 수 있다는 시사점을 제공하는 정말 의미있는 실험이라고 할 수 있다.

그러나 공공재 게임이 항상 좋은 시사점만 전하고 있는 것은 아니다. 실제 실험 결과에 의하면, 사람들은 평균적으로 공공재에서 받는 금액의 절반 정도는 사회 공공 기금에 기부를 했다고 한다. 반면에 위스콘신 대학의 실험에 의하면, 경제학을 배운 사람들의 기부율이 20%로 가장 낮았다고 한다. 실제 이 실험에서는 공공재로 받은 전액을 다시 사회공공기금으로 기부한 사람도 있었지만, 한 푼도 사회공공기금으로 기부를 하지 않은 사람들도 17%에 달했던 것으로 나타났다. 만약 1번 참가자가 0원, 2번 참가자가 5,000원, 3번 참가자가 15,000원, 4번 참가자가 20,000원을 기부하였다고 가정을 하면, 총 기부 금액은 40,000원이 되게 된다. 그 두 배는 80,000원이 되며, 이를 4등분하여 20,000원씩 다시 똑같이 나누어주게 되면 최종적으로 한 푼도 기부를 하지 않은 1번 참가자는 40,000원을, 2번 참가자는 35,000원을, 3번 참가자는 25,000원을, 4번 참가자는 원래 금액과 같은 20,000원을 그대로 가져가게 된다. 이런 경우에는 공공재를 가장 많이 기부한 사람이 가장 혜택이 적게 되는 반면에 전혀 기부를 하지 않은 무임승차자가 가장 큰 혜택을 보게 되는 상황이 벌어지게 된다.

한편 이러한 무임 승차자에 대하여 처벌이 가능한 상황에서 진행된 공공재 게임 실험에서는 사람들이 보다 공익을 극대화하는 방향으로 행동하는 것으로 나타났다고 한다. 사람들은 충분히 많은 사람들이 서로 협력을 하고 있을 때는 사회적 증거의 원칙의 영향을 받아 그들 역시 기꺼이 협력을 하려 든다고 한다. 반대로 협력의 비율이 낮은 경우에는 이런 조건적 협력자들은 오히려 무임 승차자로 바뀔 수 있다고 한다.

사람들의 행동을 제어하는 것은 체면, 양심, 공정성 등과 같은 부분인데 우리는 종종 익명성이 보장되거나 집단을 이루게 되면 매우 이기적인 행동을 하는 경우를 찾아볼 수 있다. 우리는 이를 집단 이기주의 또는 님비현상(Not In My Back Yard)이라고 한다. 여러분은 이러한 집단 이기주의 현상을 반대로 공

제10부. 공유가치와 행동심리

동체의 이익을 중요시 여기는 행동으로 잘못 오해해서는 안될 것이다.

이처럼 사람들이 본인의 이익 극대화에만 신경을 쓰고 공공의 혜택을 받는 것에만 집중하는 정말 호모 이코노미쿠스적인 행동을 하는 경우에는 이기적인 행동을 하는 무임승차자가 가장 큰 이익을 보고 오히려 이타적인 행동을 하는 사람이 손해를 보는 경우가 나타날 수도 있다.

우리 주변에도 이처럼 본인은 아무것도 포기하지 않거나 어떤 의무도 다하지 않으면서 공공재의 혜택만은 꼭 다 누리고 말겠다는 사람들을 종종 찾아 볼 수 있다. 이들처럼 맹목적으로 이기심만을 추구하는 사람들 또는 전적으로 호모 이코노미쿠스적인 인간들을 행동경제학에서는 합리적인 바보들이라고 부르기도 한다.

때로는 이기적이기도, 때로는 이타적이기도 한 것이 우리 인간들이지만 사실 공공재 게임은 우리 모두가 협력하면서 공정성을 추구하고 공동체 모두의 이익을 더 소중하게 여긴다면, 모두가 행복할 수 있는 최선을 결과를 모두 함께 공유할 수 있다는 메시지를 우리에게 전하고 있다.

공유지의 비극

1968년 개릿 하딘이라는 생물학자는 '공유지의 비극'이라는 개념을 제시하였다. 이는 인간의 개인주의적 사리사욕이 결국 공동체 전체를 파괴할 것이다라고 주장하면서 제시된 개념이다. 사람들은 내 것은 스스로 아끼며 오래 사용하려고 애쓰지만, 소유권이 분명치 않은 공공의 자원을 공동으로 사용할 때는 함부로 사용하는 경향이 있다. '공유지의 비극(Tragrdy of commons)'이란 이처럼 사람들이 모두에게 개방되어있는 공유지를 무분별하게 사용하게 되면 공유지가 수용 능력을 초과하여 오염되거나 황폐해지게 된다는 것을 의미한다. 한마디로 주인 의식이 없는 개개인의 사적 이익 추구는 전체의 몰락을 야기할 수 있다는 의미이기도 하다. 가까이로는 학교 화장실의 휴지 사용, 물 사용, 책상의 낙서부터 지역의 공중화장실에서 공중전화까지 더 나아가서는 우리가 숨 쉬는 대기, 물, 바다, 산까지에도 해당되는 사안이다. 언제부터인가 사람들이 파란 하늘보다 미세먼지로 가득한 대기에 너무도 익숙해지고, 마스크를 쓰고 다니는 게 새로운 표준이 되어버린 것도 어쩌면 우리가 공유지의 몰락을 실제로 목격하고 있는 것은 아닐지 모르겠다. 개인의 이익과 눈앞의 이익만을 추구해서는 자원도 환경도 모두 고갈되고 황폐해진

제10부. 공유가치와 행동심리

다. 우리는 그보다 더 중요한 공동체의 이익과 공유 가치가 존재한다는 사실을 기억해야 할 필요가 있다.

에듀컨텐츠·휴피아
CH Educontents·Huepia

마치는 글

지금까지 이 책을 읽어나가며 여러분은 우리 인간들이 얼마나 많은 착각과 오류, 오만과 편견, 실수와 오해로 살아가고 있는가를 느낄 수 있었을 것이다. 우리는 세상을 객관적으로 바라보며 살고 있다고 생각하지만, 사실은 매우 제한적으로 합리적이고, 상황에 따라 다른 선택을 하고, 이익에만 연연하지 않기도 하고, 감정적이고, 자기중심적이며, 적절한 선에서 만족하며 살아가고 있다. 필자는 이러한 사람들의 성향들이 꼭 나쁘다고만은 생각지 않는다. 살다 보니 오히려 사람들이 인간적이어야 할 때 지나치게 계산적이고 이성적이고 합리적으로만 판단하고 행동하는 모습들이 더 비인간적으로 느껴질 때가 많은 것 같다. 이럴 때마다 행동경제학은 필자에게 소소한 조언을 해주곤 한다. 인간의 착각, 편향성, 사고와 판단의 오류를 극복하는 지혜를 갖추라고, 더 나아가 때로는 너무 계산적으로만 살지도 말라고.

필자는 행동경제학을 공부하고 이 책을 정리해보면서 바람직하게 이성적이고 합리적으로 한편으로는 바람직하게 감성적이고 비합리적으로 살아갈 수 있는 다소간의 지혜를 얻을 수 있었다. 여러분도 이 책을 읽으면서 스스로에게 많은 질문을 하고 그에 대한 답을 구해나가면서 여러분만의 삶의 지혜를 얻어 갈 수 있기를 바란다.

　행동경제학에서 말하는 것처럼 사람은 많이 편향되어 있고 이로 인해 수많은 오류 속에 점철되어 살고 있다. 서효인의 '이게 다 야구 때문이다'라는 책에서는 이러한 사람들의 실수를 야구의 파울(foul) 볼에 빗대어 말하고 있다. 다른 운동경기에서 파울은 보통 반칙을 의미하지만 야구에서는 파울은 반칙도 아니고 아웃을 의미하지도 않는다는 것이다. 야구에서 파울볼은 아웃이 될 때까지 무한대로 칠 수 있는 기회를 부여받는 규칙인 것이다. 어쩌면 우리 인간들이 삶을 살아가면서 저지르는 수많은 비합리적인 판단과 오류들은 마치 야구의 파울볼과 같다는 생각을 해 본다. 서효인의 말처럼 여러분들도 야구에서와 같이 살아가면서 실수와 실패를 경험할 때 그것을 마치 아웃이라 생각해 실망하고 쓸쓸히 고개를 숙이고 덕아웃으로 돌아가기보다는 잠시 타석에서 벗어나 심호흡도 하고 흙도 한 번 골라보고 다시 타석에 서서 가운데로 오는 공은 끝내 가만두지 않고 쳐내고야 말겠다는 각오를 가져 봄이 어떨까 싶다. 더 나아가 이 책의 내용을 잘 헤아려 읽으며 살아가며 같은 실수를 다시 하지 않을 수 있는 지혜도 얻어 가기 바란다. 이런 맥락에서 필자는 서효인님의 마지막 말이 참 인상적이었다. "여러분도 나도 아직 죽지 않았어... 그러니까 힘내! 우리는 이런 말을 줄여서 파울이라고 부르기도 한다."

마치는 글

필자는 수년간 행동경제학과 관련된 내용들을 혼자서 공부하며 대학에서 '행동심리학의 이해'라는 강의를 진행해왔다. 필자는 이 강의를 준비하며 다양한 행동경제학에 대한 문헌들을 들쳐 보며 그 의미들을 정리해 왔다. 어쩌면 이 책의 모든 내용들은 행동경제학에 대한 선배 학자들과 문헌들로부터 스며 나온 것들이라는 것을 인정하지 않을 수 없다. 하도 너무 많이 보고 읽고 말하다 보니 그들의 논문과 책에 쓰여진 글귀와 주장들이 누구의 글에서 본 것이 아니라 이제는 원래 필자의 생각이었다고 생각이 들기도 한다. 이 역시 필자의 인지의 오류이자 기억의 오류이다. 그렇기에 혹 참고문헌에서 다 적어두지 못했다고 하더라도 지금까지 필자에게 많은 연구 자료와 영감 그리고 인사이트를 제공해주었던 모든 행동경제학과 설득심리와 관련된 책과 논문의 저자들에게 이 책의 모든 공(公)을 돌리고자 한다.

마지막으로 여러모로 부족한 필자를 항상 응원해주는 제자들과 어떠한 합리성과 이성적 접근으로도 설명할 수 없을 만큼 그리고 그 무엇과도 비교할 수 없을 만큼 사랑하는 아내 미애와 두 아들 현우와 현준이에게 많이 고맙고 또 많이 애정한다는 말을 전한다.

【 참고문헌 】

곽준식(2012). 『브랜드, 행동경제학을 만나다』. 갈매나무.
서효인(2016). 『이게 다 야구 때문이다』. 다산책방.
안광호·곽준식(2012). 『행동경제학 관점에서 본 소비자 의사결정』. 학현사.
이영직(2020). 『행동 뒤에 숨은 심리학』. 스마트비즈니스.
이현우(2018). 『오메가 설득 이론』. 커뮤니케이션북스.
이현우(2018). 『거절하지 않는 힘』. 더난콘텐츠그룹.
윤선길(2015). 『휴리스틱과 설득』. 커뮤니케이션북스.
장정빈(2013). 『고객의 마음을 훔쳐라』. 올림.
최인철(2007). 『나를 바꾸는 심리학의 지혜, 프레임』. 북이십일21세기북스.
홍훈(2016). 『홍훈교수의 행동경제학 강의』. 서해문집.
Danford. H. S.(2010) Hugori Na Chikyujin-Okane to Kokoro No Kodokeizaigaku. 김윤경 옮김(2011). 『불합리한 지구인』. 비즈니스북스.
Klein, G.(2008). How People Make Decisions. 이유진 옮김(2012). 『인튜이션』. 한국경제신문.
Kahneman, D.(2011). Thinking, Fast and Slow. 이창신 옮김(2018). 『생각에 관한 생각』. 김영사.
Kahneman, D., & Tversky, A.(1979). Prospect Theory: An Analysis of Decision Under Risk. Econometrica.

마치는 글

Kahneman, D., Slovic, P., & Tversky, A.(1982). Judgement under uncertainity: Heuristic and bias, 이영애 옮김(2012). 『불확실한 상황에서의 판단: 추단과 편향』. 아카넷.

Liberman, N., & Trope, Y.(1998). The role of feasibility and desiability considerations in near and distant future decisions: A test of temporal construal theory. Journal of Personality and Social Psychology, 75, 5-28.

Petersdorff, W. V., & Bernau, P.(2013). Denkfehler, Die Uns Geld Kosten. 박병화 옮김. 『사고의 오류』. 율리시즈.

Taler, R. H.(2008). 안진환 옮김(2010). 『똑똑한 사람들의 멍청한 선택』. 리더스북.

Taler, R. H., & Sunstrin, C. R.(2008). Nudge: Improving Decision About Health, Wealth and Happiness. 안진환 옮김(2010). 『넛지: 똑똑한 선택을 이끄는 힘』. 웅진씽크빅.

행동경제학이 알려주는 소소한 조언들

오류와 실수투성이 인간을 위한 행동심리학

김 형 석 著

발행일 2022년 2월 25일
펴낸이 李 相 烈
펴낸곳 도서출판 에듀컨텐츠휴피아
출판등록 제2017-000042호 (2002년 1월 9일 신고등록)
주　소 서울 광진구 자양로 28길 98, 동양빌딩
전　화 (02) 443-6366
팩　스 (02) 443-6376
이메일 iknowledge@naver.com
Web　http://cafe.naver.com/eduhuepia
만든이 기획・김수아 / 책임편집・이진훈 황혜영 박채연 정희우 박은빈
　　　 디자인・유충현 / 영업・이순우
정　가 15,000원

ISBN 978-89-6356-341-1 (03180)

ⓒ 2022, 김형석, 도서출판 에듀컨텐츠휴피아

* 본 책은 저작권법에 따라 보호받는 저작물이므로 무단 전재와 복제를 금지하며, 이 책 내용의 전부 또는 일부를 이용하려면 반드시 저작권자 및 도서출판 에듀컨텐츠휴피아의 서면 동의를 받아야 합니다.